개정판

중국어입문

中国语入门

조성환 저

Chinese Language

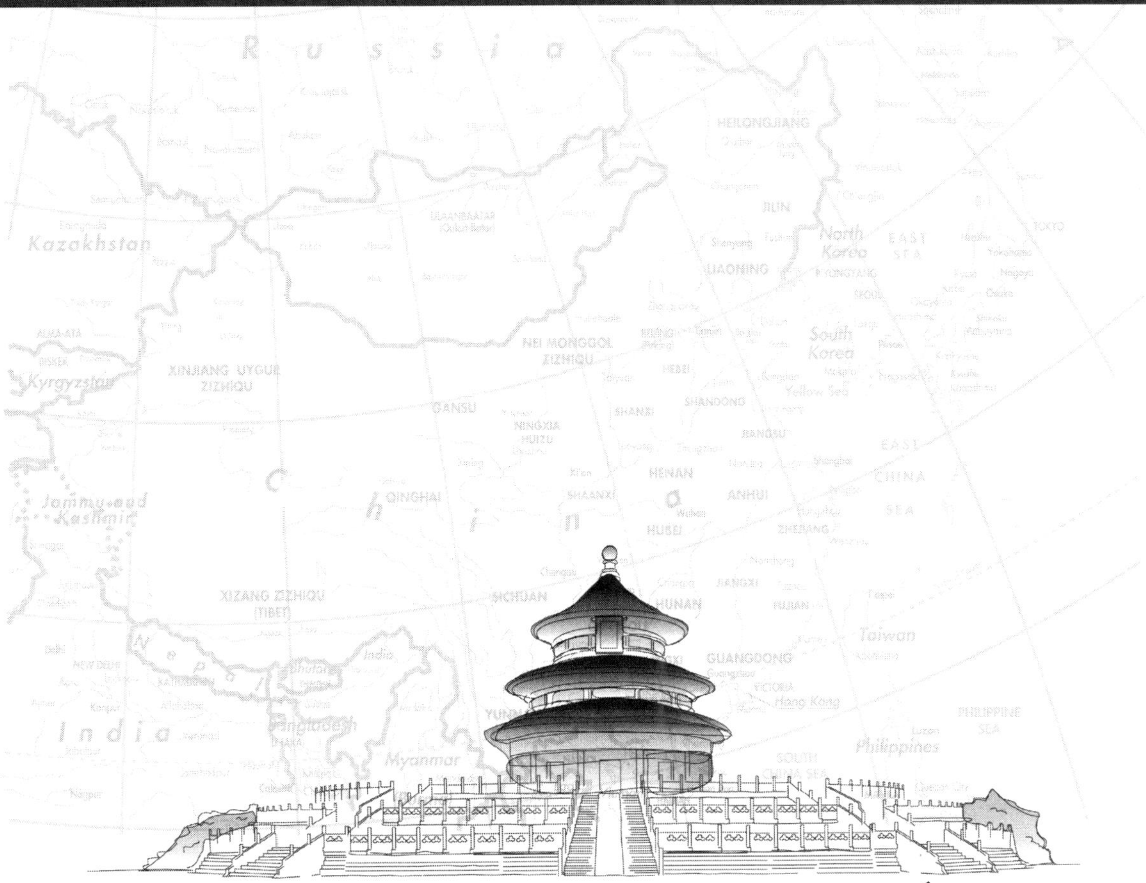

백산출판사

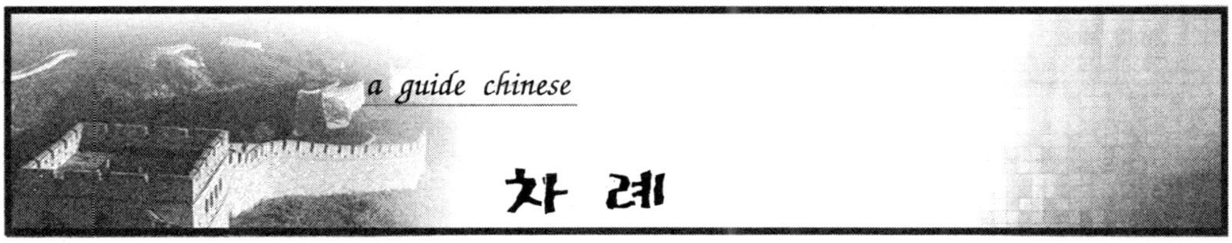

차 례

중국어를 공부하기 전에

1. 중국어를 어떻게 배울 것인가

한・중 양국이 수교한 지 올해(2003)로 10년이 지났다. 그간 양국 간에 인적・물적 흐름이 비약적으로 급증하면서 한반도에서는 중국어에 대한 열풍이 세차게 불고 있으며, 또한 중국에서도 청소년 사이에 한류 열풍은 거세기만 하다. 이러한 소용돌이 속에서 중국에서도 한국어를 배우고자 하는 사람이 점증하고 있으며, 한국에서도 중국어를 배우고 싶어하는 사람들이 기하급수적으로 늘고 있다. 그런데 문제는 호기심 때문에 시작했다가 중도에 하차하는 사람이 많다는 점에 있다.

무슨 외국어를 공부하든 우선 왜 외국어를 공부하는가에 대한 동기 부여가 되고 나서, 해당 외국어에 대한 다음과 같은 노력이 부가되어야 한다.

1) 우선 자신감을 가져야 한다. "나는 할 수 있다(我会。)", "우리는 할 수 있다(我们会。)"는 생각을 수시로 주입시켜야 한다.

    말을 배우려면 입을 열고 가슴을 열어라!
    용감하게 뻔뻔할 정도로 말하라!
    안 들리면 예측하라!
    중국어를 쉽게 생각하라!

2) 중국어를 생활에 응용해야 한다.

    중국어로 사고하라!
    항상 전자사전, 메모지와 필기구를 휴대하라!
    중국인 친구를 사귀어 보라!

3) 말하기 훈련 : 혼자 있을 때는 거울을 보고, 친구와 있을 때는 친구에게 하루에 한 마디씩만이라도 중국어로 말해보라. 한 번 써먹은 말은 결코 잊혀지지 않는다.

4) 듣기 훈련 : 회화 테이프, 중국인 교수 수업 녹음, 중국어 가요, 중국 영화(아동 영화)를 통한 듣기 훈련을 하라! 텔레비전 채널을 중국 위성방송으로 고정시켜라!

5) 쓰기 연습 : 중국어로 매일 일기를 써보라!

    중국 친구와 펜팔을 해보라!
    중국어로 편지를 써보라!
    중국 친구와 중국어로 채팅해보라!

6) 읽기 연습 : 언어는 습관이다. 매일 아침저녁으로 주기도문을 외우듯이, 불경을 외우듯이 읽어보자. 날마다 중국어로 된 글을 5쪽 이상씩 읽어보자. 독서 체험이란 바로 말하면 회화가 되고, 쓰면 작문이 되는 것이다.

이러한 각오와 자세를 가지고, 또 약간의 긴장감을 가진 채 매일 끊임없이 중국어를 공부한다면, 학생들이 중국어를 흥미를 잃지 않고 재미있게 습득할 것으로 믿으며, 이후 언젠가는 자신이 유창하게 중국어를 말하는 자신의 모습에 놀라고 대견스럽게 여길 것이다.

2. 중국어의 특징

1) 중국어는 단음절의 특징을 가지고 있다. 중국어는 형(形)・음(音)・의(义)가 보통 한 글자 한 음절(一字一音节)의 형태로 존재하는 뜻글자인 한자를 서면 도구로 사용하기 때문에 한 글자가 하나의 단어가 되는 경향이 강한 언어이다. 그러나 선진(先秦) 시대부터 쌍음절화 경향은 이미 있었고, 어휘의 발전과 더불어 현대 중국어의 구어에서는 쌍음절화된 어휘가 대다수를 차지한다. 다만, 서면어에서는 아직도 단음절의 특징이 많이 살아 있음을 볼 수 있다.
2) 중국어는 어법을 표시하는 형태소나 문장 혹은 단어 내부에서 형태의 변화가 거의 없는 고립어이다. 그래서 어순이나 허사가 문법적인 관계를 표시하는 중요한 어법 수단이 된다.
3) 중국어는 성조 언어이다. 매 음절마다 성조를 가지고 있어 음이 같다해도 성조가 다르면 의미가 달라진다. 성조는 여러 가지가 있으나 표준 중국어에서는 네 개의 성조가 있다.
4) 중국어의 어순은 주어・동사・목적어, 즉 SVO로 되어 있으나 한국어를 비롯한 알타이어계 언어들은 SOV 언어이다.
5) 중국어의 수식어와 피수식어의 순서는 한국어와 마찬가지로 수식어-피수식어로 되어 있다. 예) 红花(붉은 꽃), 好书(좋은 책)
6) 중국어는 양사(量词)를 빈번하게 사용하는 언어이다. 수사나 지시사가 명사를 수식할 때 일반적으로 양사를 쓰게 된다. 수사나 지시사가 함께 나타날 경우에는 "지시사 + 수사 + 양사 + 명사"의 순서가 된다.
   예) 一个人(한 사람), 这一个人(이 사람).

중국어 발음편

한자는 뜻글자이기 때문에 우리나라 말과는 달리 그 자체로는 발음을 정확히 알 수 없다. 그러므로 예로부터 발음을 표시(注音)하기 위하여 여러 가지 방법을 사용했다. 현재 중국에서는 로마자(알파벳)를 사용하여 발음을 표기하는 방법을 채택하고 있는데 이를 한어병음방안(汉语拼音方案)이라 한다.

중국어의 음절 구조는 크게 성모, 운모, 성조로 이루어져 있다.

1. 성모(聲母)

중국어에서 음절 처음에 오는 자음을 성모라고 부르는데 모두 21개로 이루어져 있다. 일반적으로 자음의 발음은 발음 위치와 발음 방법에 따라 결정되는데, 보통화(표준 중국어) 성모도 발음 위치와 방법에 따라 아래와 같이 분류된다.

발음위치 / 발음방법		양순음 (윗입술+아랫입술)	순치음 (윗니+아랫입술)	설첨음 (혀끝+윗잇몸)	설근음 (혀뿌리+목구멍)	설면음 (혀바닥+입천장)	권설음 (혀끝+입천장)	설치음 (혀끝+윗니 뒷벽)
파열음	무기음	b		d	g			
	유기음	p		t	k			
파찰음	무기음					j	zh	z
	유기음					q	ch	c
마찰음	무성음		f		h	x	sh	s
	유성음						r	
비음	유성음	m		n				
설측음	유성음			l				

1) 양순음(两唇音) : 아랫입술 윗입술을 가볍게 다물고 있다가 떼면서 소리낸다. b, p, m
2) 순치음(唇齿音) : 윗니로 아랫입술을 가볍게 누르고 그 사이로 숨을 내쉬어 마찰시켜 소리낸다. f
3) 설첨음(舌尖音) : 혀끝을 윗니 안쪽 잇몸에 붙였다 떼면서 소리를 낸다. d, t, n, l
4) 설근음(舌根音) : 혀뿌리를 입천장 안쪽에 붙였다가 떼면서 소리낸다. g, k, h

5) 설면음(舌面音) : 혓바닥을 굳은 입천장에 붙였다가 떼면서 소리낸다. j, q, x
6) 권설음(卷舌音) : 혀끝을 위로 말아올려 굳은 입천장에 댔다가 떼며 그 사이로 마찰시켜 소리낸다. zh, ch, sh, r
7) 설치음(舌齿音) : 혀끝을 윗니 뒷벽에 댔다가 조금 떼면서 소리낸다. z, c, s

2. 운모(韻母)

중국어 한 음절에서 성모를 뺀 나머지 부분이 운모이다. 운모의 주요한 구성 성분은 모음이지만, 운모가 모음과 똑같은 개념은 아니다. 운모는 1~3개의 모음으로 이루어지며, 받침도 올 수 있는데 보통화에는 n, ng 두 개가 있다. 보통화의 운모는 다음과 같다.

	i	u	ü
i			
a	ia	ua	
o		uo	
e			
ê	ie		üe
er			
ai		uai	
ei		uei	
ao	iao		
ou	iou		
an	ian	uan	üan
en	in	uen	ün
ang	iang	uang	
eng	ing	ueng	
ong	iong		

1) 단운모(单韵母) : a o e ê i u ü
2) 복운모(复韵母) : ai ei ao ou
3) 부성운모(附声韵母) : an en ang eng ong

4) 결합운모(结合韵母) : ia ie iao iou ian in iang ing iong
ua uo uai uei uan uen uang ueng
üe üan ün

5) 권설운모(卷舌韵母) : er

3. 성조(聲調)

중국어는 음절마다 고유한 음의 높낮이를 가지고 있는데 이를 성조라고 한다. 이러한 성조는 음절의 뜻을 구분하는 역할을 하므로, 우리가 특히 주의해서 익혀야 할 부분이다.

중국어에서는 성조 음높이를 5등분하여 1·2·3·4·5로 음높이를 표시하는데, 1은 가장 낮은 음, 5는 가장 높은 음을 나타낸다.

보통화의 성조는 아래의 4개 성조로 나뉘어진다.

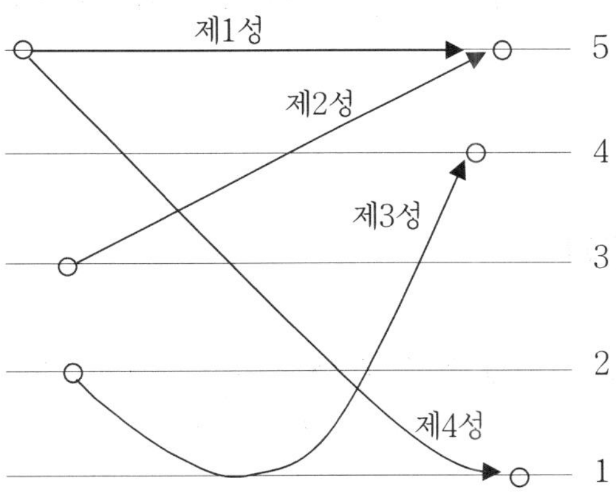

제1성 : 55의 높이로 높고 평탄하다.
제2성 : 3에서 5의 높이로 올라간다.
제3성 : 2에서 1로 낮아졌다가 4로 다시 올라간다.
제4성 : 5에서 1로 뚝 떨어진다.

보통화에서 사성(四声)은 'ˉ', 'ˊ', 'ˇ', 'ˋ'의 부호를 주요 모음 위에 표시한다. 주요 모음이란 발음할 때 한 음절 내에서 입을 크게 벌리고 가장 크게 울리며 지속되는 모음을 말한다. 주요 모음은 대체로 다음과 같은 순서로 정해진다.

a ＞ o = e ＞ i = u = ü

보통화에는 사성 이외에도 짧고 약하게 발음되는 경성(轻声)이 있는데, 경성에는 성조 표기를 하지 않는다. 경성의 음높이는 앞에 오는 음절의 성조에 따라 결정된다.

(1) 1성 뒤에서는 비교적 낮게(2의 높이) 발음된다.

妈妈 māma　他的 tā de

(2) 2성 뒤에서는 중간 높이(3의 높이)로 발음된다.

学生 xuésheng 红的 hóng de

(3) 3성 뒤에서는 비교적 높게(4의 높이) 발음된다.

姐姐 jiějie　好的 hǎo de

(4) 4성 뒤에서는 가장 낮게(1의 높이) 발음된다.

爸爸 bàba　大的 dà de

그러나 이런 경성 음높이의 미세한 차이는 음성학자들이 구분해 놓은 것으로 일반인들이 구분하여 발음하기는 쉽지 않으므로, 처음 발음을 연습할 때는 1, 2, 4성 다음의 경성은 낮게, 3성 다음에 오는 경성은 높게 발음한다는 느낌을 가지고 연습하도록 한다.

4. 성조의 변화

중국어에서 음절이 연이어 발음될 때 성조가 바뀌는 현상이 생기는데, 대부분의 발음 규칙들이 그렇듯 중국어의 성조 변화도 말하는 사람의 발음 편의 때문에 생긴다.

1) 3성의 변화

(1) 3성 + 3성 → 2성 + 3성 : 3성 음절이 연이어 오면 앞의 3성은 2성으로 변한다. 你好 nǐ(ní) hǎo,

很好 hěn(hén) hǎo

만약, 2개 이상의 3성이 연달아 올 경우, 중간에 쉼이 없으면 마지막 음절만 3성으로 읽어주고 나머지는 모두 2성으로 읽는다.

(2) 3성 + 1 · 2 · 4 · 경성 → 반3성 + 1 · 2 · 4 · 경성 : 3성 다음에 다른 성조가

오면, 앞의 3성은 반3성(내려가는 부분)으로 읽는다.

3성 + 1	北京 Běijīng
3성 + 2	美国 Měiguó
3성 + 4	美丽 měilì
3성 + 경성	我们 wǒmen

2) '不'의 변화

본래 4성인 '不'는 뒤에 4성 음절이 오면 2성으로 변한다.

不去 bù(bú)qù

3) '一'의 변화

본래 1성인 '一'은 뒤에 1·2·3성이 오면 4성으로 변하고, 4성 혹은 4성에서 변한 경성이 오면 2성으로 변한다.

一 + 1성	一(yì)张	一 + 4성	一(yí)下
一 + 2성	一(yì)名	一 + 경성	一(yí)个
一 + 3성	一(yì)起	(4성에서 변한)	

본래 1성인 '七, 八'의 경우 뒤에 4성이 오면 2성으로 변하였는데, 현재는 일반적으로 변화시키지 않고 발음하는 경향이 더 많다.

4) 성조 연습

妈	麻	马	骂
mā	má	mǎ	mà
包	薄	饱	报
bāo	báo	bǎo	bào
方	房	访	放
fāng	fáng	fǎng	fàng

大韩民国	Dà hán Mín guó
三民主义	Sān mín Zhǔ yì
英雄本色	yīng xióng běn sè

家庭主妇	jiā tíng zhǔ fù
酸甜苦辣	suān tián kǔ là
三国演义	Sān guó Yǎn yì
山明水秀	shān míng shuǐ xiù
万里长城	Wàn lǐ Cháng chéng
祝你平安	zhù nǐ píng ān

5. 한어병음자모의 표기 및 발음

중국어 발음을 처음 배우는 사람들 중에는 한어병음자모(汉语拼音字母)를 영어의 발음과 같다고 생각하여 중국어 발음을 잘못하는 경우가 많다. 그렇지만 汉语拼音字母는 로마자를 빌어 와 중국어 발음을 표기했을 뿐 영어와는 발음이 다르다는 것을 인식할 필요가 있다. 아래에서 중국어 발음상 특히 유의해야 할 점을 살펴보기로 한다.

1) 성 모

우리나라에는 한 쌍 밖에 없는 파찰음(ㅈ·ㅊ·ㅅ)이 중국어에는 세 쌍이나 존재하므로 이 발음 위치에 대한 정확한 이해가 필요하다.

(1) 설면음(j·q·x) : 혓바닥(설면)과 입천장이 닿아서 만들어진 소리인 ji, qi, xi는 한국어의 [지·치·시] 발음과 거의 비슷하다. 이 때 j·q·x와 결합하는 [i] 모음은 한국어의 [이]와 비슷하다.

(2) 권설음(zh·ch·sh·r) : 말아 올린 혀끝이 굳은 입천장에 닿아서 나는 소리인 zhi, chi, shi, ri 우리말의 「즈」「츠」「스」「르」와 비슷하게 발음된다. 이 때 zh·ch·sh·r와 결합하는 [i] 모음은 한국어의 [으] 모음에 더 가깝다.

(3) 설치음(z·c·s) : 혀끝이 윗니 뒷벽과 부딪혀 나는 발음으로 zi, ci, si 는 우리말의 「쯔」「츠」「쓰」와 비슷하다. 이 때 z·c·s 와 결합하는 [i] 모음도 한국어의 [으]에 가깝다.

2) 운 모

(1) 운모 [i]는 앞에 오는 성모에 따라 세 가지의 발음으로 다르게 나는데, 앞서 설명한 설면음 다음에서는 [i]로, 권설음 다음에는 [ɿ]로, 설치음 다음에는 [ʅ]로 발음된다. [i]는 우리말의 [이]와 비슷하고, [ɿ, ʅ]는 우리말의 [으]에 좀 더 가깝다.

(2) 운모 uei, iou, uen 앞에 성모가 오면, ui, iu, un으로 표기한다. 하지만 성조가 3, 4성인 음절의 경우 생략된 모음 [e, o]의 발음을 해 주어야 좀더 표준음에 가깝다. 贵 gu(e)ì 酒 ji(o)ǔ 准zhǔ(e)n

(3) [i] [u] [ü] 줄의 운모가 성모 없이 단독으로 음절을 이루는 경우, 음절 구분을 위해 아래와 같이 표기한다.

[i]줄 : i가 홀로 음절을 이루면 앞에 y를 붙여주고, i로 시작하는 음절이면 i를 y로 바꿔 표기한다.

	i	ia	ie	iao	iou	ian	in	iang	ing	iong
→	yi	ya	ye	yao	you	yan	yin	yang	ying	yong

[u]줄 : u가 홀로 음절을 이루면 앞에 w를 붙여주고, u로 시작하는 음절이면 u를 w로 바꿔 표기한다.

	u	ua	uo	uai	uei	uan	uen	uang	ueng
→	wu	wa	wo	wai	wei	wan	wen	wang	weng

[ü]줄 : ü줄의 경우 ü 앞에 y를 붙여주고 ü 위의 두 점은 생략한다.

	ü	üe	üan	ün
→	yu	yue	yuan	yun

(4) [ü]줄의 운모와 j q x 와 결합될 때는 [ü] 위의 두 점을 생략하여, ju, qu, xu로 표기한다. 이 때 발음을 [주, 추, 수]로 발음하지 않도록 주의한다.

중국어 회화편

a guide chinese

第 1 課

/인/사/

1. 본 문

1 A：你好?

Nǐ hǎo?

B：你好?

Nǐ hǎo?

2 A：你好吗?

Nǐ hǎo ma?

B：我很好，你呢?

Wǒ hěn hǎo, nǐ ne?

A：我也很好。你去哪儿?

Wǒ yě hěn hǎo。nǐ qù nǎr?

B：我去学校。

Wǒ qù xuéxiào。

A：再见。

Zàijiàn。

B：再见。

Zàijiàn。

3 A：大家好!

Dàjiā hǎo!

B：老师，您好!

Lǎoshī, nín hǎo!

A：先点名再上课，好吗?

Xiān diǎnmíng zài shàngkè, hǎo ma?

B：好!

Hǎo!

2. 새로나온 단어

你(nǐ)： 너, 당신

好(hǎo)： 좋다

吗(ma)： 의문을 나타내는 어기조사.

我(wǒ)： 나

很(hěn)： 매우

呢(ne)： 어기조사. 반문 어투의 의문을 표시할 수 있다.

去(qù)： 가다

哪儿(nǎr)： 어디

学校(xuéxiào)： 학교

再见(zàijiàn)： 안녕(헤어질 때의 인사)

大家(dàjiā)： 모두, 여러분

老师(lǎoshī)： 선생님

先(xiān)： 먼저, 우선

点名(diǎnmíng)： 출석 부르다.

再(zài)： 다시

上课(shàngkè)： 수업하다.

3. 상용표현

1) 만날 때, 헤어질 때 인사법

(1) 안녕하세요! : 你好？

처음 만났을 때 쓰는 인사말로써, 신분 · 시간 · 장소에 관계없이 쓸 수 있다. "你好?"로 대답한다.

(2) 잘 지내십니까? : 你好吗？

처음 만난 사이에서는 쓸 수 없으며, 이미 알고 있는 사람에게 안부를 묻는 표현이다. 일반적으로 "我很好"로 대답한다.

(3) 오랜만입니다! 好久不见! Hǎojiǔ bù jiàn

(4) 안녕히 가세요 再见! Zàijiàn!

再会! Zàihuì!

(5) 잠시 후에 뵙겠습니다 回头见! Huítóu jiàn!

等一会儿见! Děng yīhuìr jiàn!

(6) 저녁에 뵙겠습니다 晚上见! Wǎnshang jiàn!

(7) 내일 뵙겠습니다 明天见! Míngtiān jiàn!

(8) 다음 주에 뵙겠습니다 下星期见! Xià xīngqī jiàn!

(9) 살펴 가세요 慢走! Màn zǒu!

(10) (멀리) 나가지 않겠습니다.

不送了。Bù sòng le。

不远送了。Bù yuǎn sòng le。

(11) 나오지 마세요 别送! Biésòng!

留步! Liúbù!

2) 아침·점심·저녁 때 인사법

(1) 안녕하세요(아침) : 早上好! Zǎoshang hǎo!

早安! Zǎo ān!

(2) 안녕하세요(저녁) : 晚上好!

Wǎnshang hǎo!

(3) 안녕히 주무세요(밤) : 晚安!

Wǎn ān!

(4) 아주 좋습니다 : 很好。 Hěn hǎo。

挺好。 Tǐng hǎo。

(5) 그런대로 괜찮습니다 : 还好。

Hái hǎo。

(6) 그저 그렇습니다 : 马马虎虎。

Mǎma húhu。

4. 요점 및 보충설명

1) 중국어의 어순

중국어의 어순은 우리나라 말과는 달리 주어 + 서술어 + 목적어 (SVO)의 구조를 가장 기본으로 하고 있다.

我去学校。(Wǒ qù xuéxiào。나는 학교에 간다.)

他学习汉语。(Tā xuéxí hànyǔ。그는 중국어를 공부한다.)

2) '吗'를 이용한 의문문

서술문의 마지막에 '吗'를 붙여서 의문문을 표현한다. 주로 긍정과 부정으로 대답하게 된다.

你忙吗? (Nǐ máng ma? 바쁘십니까?)

你去学校吗? (Nǐ qù xuéxiào ma? 당신은 학교에 갑니까?)

3) 어기조사 '呢'

앞의 질문을 받아 되묻는 표현에 사용된다. 예를 들면, "我很好, 你呢?"는 "나는 아주 좋은데, 너는?"이라는 뜻의 반문이 된다.

5. 연습문제

1) 발음 연습

(1) 양순음

bàba(爸爸)	bóbo(伯伯)	bǎobèi(宝贝)	bìbào(壁报)
pópo(婆婆)	pípá(琵琶)	pīngpāng(乒乓)	pīpíng(批评)
māma(妈妈)	mèimei(妹妹)	mìmì(秘密)	mǎimài(买卖)

(2) 순치음

fūfù(夫妇)	fāngfǎ(方法)	fǎnfù(反复)	fēngfù(丰富)

2) 교체 연습

(1) 你 好？　　보기：老师　你们　大家

Nǐ hǎo?　　lǎoshī　nǐmen　dàjiā

(2) 你 好吗？　　보기：你们　他　他们

Nǐ hǎo ma?　　nǐmen　tā　tāmen

3) 다음 대화를 완성하시오.

(1) A：你好？

B：(　　　　)

(2) A：你好吗？

B：(　　　　)

(3) A：你去哪儿？

B：(　　　　)

4) **다음 한어병음자모가를 이용하여 발음 연습을 해보자.**

b p m f d t n l

g k h j q x

zh ch sh r z c s

i u ü a o e ê

ai ei ao ou

an en ang eng ong

我们来唱声母韵母歌。

wǒmen lái chàng shēngmǔ yùnmǔ gē。

속어 한마디

千里之行，始于足下。Qiānlǐzhīxíng，shǐyú zúxià。천리길도 한 걸음부터.

a guide chinese

第 2 課

/소/개/

1. 본 문

1 A：您贵姓?

Nín guì xìng?

B：我姓李，叫惠珍。

Wǒ xìng Lǐ，jiào Huìzhēn。

A：你是哪国人?

Nǐ shì nǎguórén?

B：我是韩国人。

Wǒ shì Hánguórén。

A：他是谁？

Tā shì shuí？

B：他是我的朋友，叫崔昌浩。

Tā shì wǒ de péngyou，jiào Cuī Chānghào。

2 A：我来介绍一下，我叫崔昌浩。

Wǒ lái jièshào yīxià, wǒ jiào Cuī Chānghào。

B：你好？我叫马国强。

Nǐhǎo？ Wǒ jiào Mǎ Guóqiáng。

A：我是韩国大学四年级的学生。

Wǒ shì Hánguó Dàxué sì niánjí de xuésheng。

你也是学生吗?

Nǐ yě shì xuésheng ma?

B：不，我不是学生。

Bù, wǒ bùshì xuésheng。

我是公司职员。

Wǒ shì gōngsī zhíyuán。

3 A：哪位是安娜?
Nǎ wèi shì Ānnà?

B：我就是。
Wǒ jiù shì。

A：认识您很高兴。
Rènshi nín hěn gāoxìng。

B：我也很高兴。
Wǒ yě hěn gāoxìng。

A：您认识赵老师吗?
Nín rènshi Zhào lǎoshī ma?

B：对不起，我不认识。
Duì bu qǐ, wǒ bù rènshi。

这位是谁?
Zhè wèi shì shuí?

A：她是我的同学。
Tā shì wǒ de tóngxué。

2. 새로나온 단어

您(nín) : 당신(你의 존칭)
贵(guì) : 귀중하다, 귀하다
姓(xìng) : 성이 ~이다
李惠珍(Lǐ Huìzhēn) : 인명
叫(jiào) : ~라고 부르다
是(shì) : ~ 이다
哪(nǎ) : 어느, 어디
国(guó) : 나라
人(rén) : 사람
韩国(Hánguó) : 한국
他(tā) : 그 (3인칭 대명사)
谁(shuí) : 누구
朋友(péngyou) : 친구
崔昌浩(Cuī Chānghào) : 인명
的(de) : ~의(관형격 조사)
马国强(Mǎ Guóqiáng) : 인명
大学(dàxué) : 대학
四(sì) : 넷, 사
年级(niánjí) : 학년
也(yě) : ~도, 또한
学生(xuésheng) : 학생
不(bù) : ~이 아니다
公司(gōngsī) : 회사
职员(zhíyuán) : 직원
位(wèi) : 분, 명(사람을 세는 양사)
安娜(Ānnà) : 인명
就(jiù) : 곧, 바로
高兴(gāoxìng) : 기쁘다

认识(rènshi) : 알다
她(tā) : 그녀(3인칭 대명사)
同学(tóngxué) : 학우

3. 상용표현

1) 성씨의 표현 방법

我姓双木林。Wǒ xìng shuāng mù Lín。
我姓木子李。Wǒ xìng mù zǐ Lǐ。
我姓弓长张。Wǒ xìng gōng zhǎng Zhāng。
我姓双口吕。Wǒ xìng shuāng kǒu Lǚ。
我姓耳东陈。Wǒ xìng ěr dōng Chén。

2) 이름 묻는 방법

(1) 您贵姓? : "贵姓"은 일반적으로 손윗사람이나 처음 만난 사람에게 예의를 갖춰 이름을 묻는 표현이다. "你姓什么?"라고도 묻는다. "您贵姓?"은 어법적으로는 의문문의 형식을 갖추고 있지 않지만 억양을 통해서 의문을 나타내고 있다. "早上好?"、"您早?" 등과 같이 주로 인사말 표현에서 쓰인다.

A : 您贵姓? (Nín guì xìng? 당신은 성함이 어떻게 되십니까?)
B : 我叫郑俊范。(Wǒ jiào Zhèng Jùnfàn。 나는 정준범이라고 합니다.)

(2) 你叫什么名字? 간단하게 "你叫什么?"만을 쓰기도 한다.

A : 你叫什么名字? (Nǐ jiào shénme míngzi? 당신 이름은 무엇입니까?)
B : 我叫李惠珍。木子李, 恩惠的惠, 珍贵的珍。(Wǒ jiào Lǐ Huìzhēn。mù zǐ Lǐ, ēnhuì de huì, zhēnguì de zhēn 나는 이혜진이라고 합니다. 나무 목, 아들 자의 李에, 은혜 恩 그리고 진귀할 珍입니다.)

4. 요점 및 보충설명

1) '是' 자문

[A是B]에서 是는 동사의 일종으로 판단 동사라고 하며, B 위치에 오는 것은 언제나 판단의 대상이 되며 '주어+是(동사)+목적어'의 문형이 된다.

(1) 我是学生。(Wǒ shì xuésheng。나는 학생이다.)
(2) 我不是老师 (Wǒ bùshì lǎoshī。나는 선생님이 아니다.)

'是'자문의 부정은 '是' 앞에 부정부사 '不'을 붙이고, '不是'의 '是'는 약하게 발음한다.

2) 의문 대명사를 사용한 의문문

'谁', '什么', '哪儿' 등의 의문 대명사를 이용한 의문문을 말한다. 중국어에서 의문 대명사를 이용한 의문문은 영어와 같이 문두에만 오지 않고 문장 가운데나 끝에서 의문을 표시해 주고자 하는 위치에 놓인다. 그래서 이를 특지(特指) 의문문이라고도 한다.

你是谁？ (Nǐ shì shuí？ 당신은 누구십니까?)
这是什么？ (Zhè shì shénme？ 이것은 무엇입니까?)
你去哪儿？ (Nǐ qù nǎr？ 당신은 어디를 가십니까?)

이러한 의문문의 대답은 그 의문사 위치에 적절한 말을 놓으면 된다.
你是谁？ → 我是老师。(wǒ shì lǎoshī。나는 선생님이다.)
这是什么？ → 这是书。 (zhè shì shū。이것은 책이다.)
你去哪儿？ → 我去学校。(wǒ qù xuéxiào。나는 학교에 간다.)

3) 강조를 나타내는 '来'

'来'는 "오다 · 하다 · 가져오다 · 자(발어사)" 등등의 아주 다양한 의미를 나타낼 수 있다. "제 소개를 하겠습니다"란 뜻으로 "我来介绍一下。Wǒ lái jièshào yīxià。"

란 표현을 많이 쓴다.

여기에서 '来'는 본래 '하다'의 의미에서 왔으나, 그 의미가 많이 약해져서 단지 강조하는 의미만이 남아 있다. 이렇게 '来'는 동사 앞에 쓰여 어떤 일을 하려고 하는 적극성이나 상대방에게 어떤 행동을 하게 하는 어감을 나타내준다.

5. 연습문제

1) 발음 연습

(1) 설첨음

dìdi(弟弟)　dàdòu(大豆)　diàndēng(电灯)　dàodá(到达)
tàitai(太太)　tiāntiān(天天)　tuántǐ(团体)　tǎntè(忐忑)
nǎinai(奶奶)　niúnǎi(牛奶)　nánnǚ(男女)　néngnài(能耐)
liàolǐ(料理)　lìliang(力量)　liánluò(联络)　liúlì(流利)

(2) 설근음

gēge(哥哥)　gūgu(姑姑)　gùgōng(故宫)　guānguāng(观光)
kěkǒu(可口)　kěkào(可靠)　kùnkǔ(困苦)　kāikǒu(开口)
huìhuà(会话)　héhuā(荷花)　hūhǎn(呼喊)　huǎnghū(恍惚)

(3) 설면음

jiějie(姐姐)　jiùjiu(舅舅)　jiǎngjīn(奖金)　jīngjì(经济)
qīnqi(亲戚)　qíqiú(祈求)　qiàqiǎo(恰巧)　qīngqiǎo(轻巧)
xuéxiào(学校)　xiǎngxiàng(想像)　xīnxian(新鲜)

2) 교체 연습

(1) 我是 韩国 人。　보기 : 中国　美国　日本
Wǒ shì Hánguórén。　Zhōngguó　Měiguó　Rìběn

(2) 我不是 学生。　보기 : 老师　公司职员　大夫
Wǒ bùshì xuésheng。　lǎoshī　gōngsī zhíyuán　dàifu

3) 다음 대화를 완성하시오.

(1) A : 您贵姓?

B : (   )

(2) A : 你是哪国人?

B : (   )

(3) A : 你是学生吗?

B : (   )

4) 다음 숫자가를 읽어보며 발음 연습을 해보자.

숫자가(数字歌)

一 二 三 四 五

yī èr sān sì wǔ

六 七 八 九 十

liù qī bā jiǔ shí

十 个 十, 就 是 一 百

shí gè shí, jiùshì yī bǎi

十 个 一 百, 就 是 一 千

shí gè yībǎi, jiùshì yīqiān

十 个 一 千, 是 一 万

shí gè yīqiān, shì yīwàn

숙어 한마디

读万卷书, 行万里路。Dú wànjuàn shū, xíng wànlǐ lù。책 속에 길이 있다.

a guide chinese

第 3 課

1. 본 문

1 A：今天天气怎么样？

Jīntiān tiānqì zěnmeyàng？

B：今天天气很好。

Jīntiān tiānqì hěn hǎo。

A：今天热不热?

Jīntiān rè bù rè?

B：今天不太热。

Jīntiān bù tài rè。

2 A：北京的天气怎么样?

Běijīng de tiānqì zěnmeyàng?

B：春天暖和、 夏天闷热、秋天凉快、 冬天很冷。

Chūntiān nuǎnhuo, xiàtiān mēnrè, qīutiān liángkuài, dōngtiān hěn lěng。

A：你喜欢哪个季节?

Nǐ xǐhuan nǎ ge jìjié?

B：我喜欢冬天, 因为冬天下雪。

Wǒ xǐhuan dōngtiān, yīnwèi dōngtiān xiàxuě。

A：北京的春天怎么样 ?

Běijīng de chūntiān zěnmeyàng ?

B：常常刮风。

Chángcháng guāfēng。

3 A：首尔的冬天怎么样?

Shǒuěr de dōngtiān zěnmeyàng?

B：太冷。

Tài lěng。

A：夏天很热吧?

Xiàtiān hěn rè ba?

B：很热。

Hěn rè。

A：春天刮风不刮风?

Chūntiān guāfēng bù guāfēng?

B：不刮风。

Bù guāfēng。

A：听说北京的冬天很冷，是吗?

Tīngshuō Běijīng de dōngtiān hěn lěng, shì ma?

B：是的。北京的冬天比首尔冷。

Shì de。Běijīng de dōngtiān bǐ Shǒuěr lěng。

A: 下雪吗?
Xiàxuě ma?

B: 不常下雪。
Bùcháng xiàxuě。

2. 새로나온 단어

今天(jīntiān): 오늘
天气(tiānqì): 날씨
怎么样(zěnmeyàng): 어떻습니까?
热(rè) : 덥다
太(tài) : 너무, 매우
北京(Běijīng): 베이징
春天(chūntiān): 봄
夏天(xiàtiān): 여름
秋天(qīutiān): 가을
冬天(dōngtiān): 겨울
暖和(nuǎnhuo): 따뜻하다
闷热(mēnrè): 무덥다
凉快(liángkuài): 시원하다
冷(lěng): 춥다
喜欢(xǐhuan): 좋아하다
个(ge): 개(양사)
季节(jìjié): 계절
因为(yīnwèi): ~때문에
下(xià) : 내리다
雪(xuě): 눈

常(cháng) : 자주, '常常'으로 많이 씀.
常常(chángcháng) : 자주, 때때로, 늘
风(fēng) : 바람
刮风(guāfēng) : 바람 불다.
首尔(Shǒuěr) : 서울
比(bǐ) : ~에 비하다.

3. 날씨 상용표현

阴天(yīntiān) : 흐린 날
晴天(qíngtiān) : 맑은 날
下雨(xiàyǔ) : 비가 내리다
下雪(xiàxuě) : 눈이 내리다
暖和(nuǎnhuo) : 따뜻하다
刮风(guāfēng) : 바람이 불다
雷(léi) : 천둥
闪电(shǎndiàn) : 번개
雾(wù) : 안개
霜(shuāng) : 서리
冰雹(bīngbáo) : 우박
干燥(gānzào) : 건조하다
潮湿(cháoshī) : 습기차다
摄氏(shèshì) : 섭씨

4. 요점 및 보충설명

1) '吧'의 쓰임

어기조사로써, 단정 · 명령 · 청탁 · 권유 · 승낙 · 추측 · 의문 등의 다양한 어감을 나타낼 수 있다.

我们走吧! Wǒmen zǒu ba! : 우리 갑시다.

给我吧! Gěi wǒ ba! : 나에게 주세요.

快走吧! Kuài zǒu ba! : 빨리 갑시다.

好吧! Hǎo ba! : 좋아요.

他可能不来吧! Tā kěnéng bù lái ba! : 그는 아마 오지 않겠죠?

2) '比' 자구

전치사 '比'를 써서 두 비교 대상의 상태나 정도의 차이를 표시할 수 있다.

예 : "北京的冬天比首尔冷。"(Běijīng de dōngtiān bǐ Shǒuěr lěng。베이징의 겨울은 서울보다 춥다.) 부정형식은 '不'를 '比'자 앞에 두어서 "北京的冬天不比汉城冷。"이 된다.

주의할 점은 '没有'를 쓴 부정형식의 경우는 '比'를 쓰지 않는다는 점이다. 즉, 위 예문의 경우 '没有'를 쓰면, "北京的冬天没有汉城冷。"이 된다.

3) 형용사 술어문

중국어 문형을 서술어의 성격에 따라 동사 술어문, 형용사 술어문, 명사 술어문, 주술 술어문으로 나눌 수 있다. 그 중 형용사 술어문은 아래 예와 같이 형용사가 서술어를 담당하거나 형용사가 서술어의 주요 성분이 되는 경우를 말한다.

我很好。(Wǒ hěn hǎo。나는 잘 지낸다.)

这个学校很大。(Zhè ge Xuéxiào hěn dà。학교가 아주 크다.)

今天不太热。(Jīntiān bù tài rè。오늘은 그다지 덥지 않다.)

5. 연습문제

1) 발음연습

(1) 권설음

zhùzhǐ(住址) zhèngzhì(政治) zhǔzhāng(主张) zhànzhēng(战争)

chēchuáng(车床) chángchù(长处) chūchǎn(出产) chóuchàng(惆怅)

shūshu(叔叔) shānshuǐ(山水) shìshí(事实) shōushi(收拾)

rénrén(人人) róuruǎn(柔软) róngrěn(容忍) réngrán(仍然)

(2) 설치음

zǔzōng(祖宗) zōngzú(宗族) zǒngzé(总则) zìzai(自在)

cǎocǎo(草草) cāicè(猜测) cōngcù(匆促) cāngcuì(苍翠)

sīsuǒ(思索) sōngsǎn(松散) sèsù(色素) sùsòng(诉讼)

2) 교체 연습

昨天 刮风，今天 不刮了。(Zuótiān guāfēng, jīntiān bù guā le。어제는 바람이 불더니, 오늘은 불지 않는다.)

보기 : 下雪(xiàxuě) 不下(bùxià)

下雨(xiàyǔ) 不下(bùxià)

很热(hěnrè) 凉快(liángkuài)

很冷(hěnlěng) 暖和(nuǎnhuo)

晴天(qíngtiān) 下雨(xiàyǔ)

阴天(yīntiān) 天晴(tiānqíng)

3) 다음 질문에 중국어로 대답하시오.

(1) 请你简单介绍一下韩国的四季! (한국의 4계절을 소개해봅시다.)
Qǐng nǐ jiǎndān jièshào yīxià Hánguó de sìjì!)

(2) 你喜欢哪个季节? (당신은 어느 계절을 좋아합니까?)
Nǐ xǐhuan nǎge jìjié?

(3) 为什么? (왜 그렇습니까?)
Wèishénme?

(4) 韩国最美丽的季节是哪个? (한국의 가장 아름다운 계절은 언제입니까?)
Hánguó zuì měilì de jìjié shì nǎge?

(5) 丰收的季节是哪个? (수확의 계절은 언제 입니까?)
Fēngshōu de jìjié shì nǎge?

4) 다음 노래을 읽고 불러 봅시다.

생일가(生日歌)

祝你生日快乐
zhù nǐ shēngrì kuàilè
祝你生日快乐
zhù nǐ shēngrì kuàilè
我们一起来唱歌
wǒmen yīqǐ lái chànggē
祝你生日快乐
zhù nǐ shēngrì kuàilè

숙어 한마디

虎死留皮, 人死留名。Hǔ sǐ liú pí, rén sǐ liú míng。
호랑이는 죽어서 가죽을 남기고, 사람은 죽어서 이름을 남긴다.

第 4 課

/취/미/

1. 본 문

1 A：你的兴趣是什么?

Nǐ de xìngqù shì shénme?

B：我喜欢听音乐。

Wǒ xǐhuan tīng yīnyuè.

A：你喜欢哪种音乐?

Nǐ xǐhuan nǎ zhǒng yīnyuè?

B：我喜欢流行歌曲，你呢？

Wǒ xǐhuan liúxínggēqǔ，nǐ ne?

A：我喜欢网上聊天，也喜欢玩儿电脑游戏。

Wǒ xǐhuan wǎngshang liáotiān, yě xǐhuan wánr diànnǎo yóuxì。

2 A：你的爱好是什么?

Nǐ de àihào shì shénme?

B：我的爱好是看电影。

Wǒ de àihào shì kàn diànyǐng.

你喜欢看电影吗？

Nǐ xǐhuan kàn diànyǐng ma?

A：我也喜欢看电影。

Wǒ yě xǐhuan kàn diànyǐng.

B：那我们一起去看电影，好吗？

Nà wǒmen yīqǐ qù kàn diànyǐng, hǎo ma?

A：好吧!

Hǎo ba!

2. 새로나온 단어

兴趣 (xìngqù) : 취미

喜欢 (xǐhuan) : 좋아하다

听 (tīng) : 듣다

音乐 (yīnyuè) : 음악

种 (zhǒng) : 종류

流行歌曲 (liúxíng gēqǔ) : 유행가

网上聊天 (wǎngshang liáotiān) : 채팅 (Chatting)

玩儿 (wánr) : 놀다

电脑游戏 (diànnǎo yóuxì) : 컴퓨터 게임

爱好 (àihào) : 취미

看 (kàn) : 보다

电影 (diànyǐng) : 영화

那 (nà) : 그, 저(지시 대명사), 그럼(연결사).

我们 (wǒmen) : 우리

一起 (yīqǐ) : 함께

3. 취미관련 표현

欣赏音乐 (xīnshǎng yīnyuè) : 음악 감상
阅读 (yuèdú) : 읽다
钓鱼 (diàoyú) : 낚시
下围棋 (xià wéiqí) : 바둑을 두다
游泳 (yóuyǒng) : 수영
插花 (chāhuā) : 꽃꽂이
弹钢琴 (tán gāngqín) : 피아노를 치다
打保龄球 (dǎ bǎolíngqiú) : 볼링을 치다
打台球 (dǎ táiqiú) : 당구를 치다
打网球 (dǎ wǎngqiú) : 테니스를 치다
旅行 (lǚxíng) : 여행
爬山 (pá shān) : 등산
看电影 (kàn diànyǐng) : 영화를 보다
集邮 (jíyóu) : 우표 수집
唱歌 (chànggē) : 노래 부르다
打扑克 (dǎ pūkè) : 포커를 치다
游戏 (yóuxì) : 게임
赛马 (sàimǎ) : 경마
跳舞 (tiàowǔ) : 춤을 추다
刺绣 (cìxiù) : 자수

4. 요점 및 보충설명

1) 연결사 '那nà'

'그럼'이란 의미로 앞 문장을 받아서 말을 시작하게 하는 역할이나, 복문에서 앞 구절과 논리를 연결시켜주는 구실을 하게된다. 보통 '那么Nà me'로도 많이 쓰인다.

那我们一起去看电影吧! 그럼 우리 같이 가서 영화 보자!
Nà wǒmen yīqǐ qù kàn diànyǐng ba。
你再不听话，那我走了。너 또 말 안 들으면, 그럼 나는 가버리겠다.
Nǐ zài bù tīnghuà，nà wǒ zǒu le。

2) '얼(儿)'화

'儿'이 앞 음절과 축약하여 이루어진 특수한 음 변화 현상을 '儿'화라 하는데, 특히 베이징어에 많다. 花儿(huā ér)，歌儿(gē ér) 등 두 개의 한자로 쓰지만 읽을 때는 하나의 음절로 읽는다. 이 때 '儿'은 앞 음절의 운모에 권설 작용이 더해지는 것을 표시할 뿐, 독립적으로 발음되지 않는다. 운모가 얼화(儿化)되면 원래 운모의 끝에 -r을 붙여 표기해 준다.

花(huā) + 儿(ér) → 花儿(huār) 꽃
歌(gē) + 儿(ér) → 歌儿(gēr) 노래
玩(wán) + 儿(ér) → 玩(wánr) 놀다

5. 연습문제

1) 아래 주어진 주요 동사들을 이용하여 표현 연습을 해보시오.

去(qù) 가다 : 你去不去?

Nǐ qù bu qù?

去中央博物馆怎么走?

Qù Zhōngyāng Bówùguǎn zěnme zǒu?

来(lái) 오다 : 我来得晚, 真对不起!

Wǒ lái de wǎn, zhēn duì bu qǐ!

来电话了!

Lái diànhuà le!

进(jìn) 들어오(가)다 : 请进! (Qǐng jìn!)

进来。(Jìn lái。)

进去。(Jìn qù。)

坐(zuò) 앉다 : 请坐! (Qǐng zuò!)

请这边坐! (Qǐng zhè biān zuò!)

站(zhàn) 서다 : 站起来! (Zhàn qǐ lái!)

看(kàn) 보다 : 看书。(Kàn shū。)

看报。(Kàn bào。)

听(tīng) 듣다 : 听话。(Tīng huà。)

听懂。(Tīng dǒng。)

听不懂。(Tīng bu dǒng。)

吃(chī) 먹다 : 吃饭。(Chī fàn。)

喝(hē) 마시다 : 喝酒。(Hē jiǔ。)
喝茶。(Hē chá。)

洗(xǐ) 씻다 : 洗脸。(Xǐ liǎn。)
洗手。(Xǐ shǒu。)
洗衣服。(Xǐ yī fu。)

笑(xiào) 웃다 : 开玩笑。(Kāi wán xiào。)
笑而不答。(Xiào ér bù dá。)

哭(kū) 울다 : 别哭! (Bié kū!)

说(shuō) 말하다 : 你会说汉语吗? (Nǐ huì shuō hànyǔ ma?)
你说说看? (Nǐ shuō shuō kàn?)

做(zuò) 하다. 만들다. : 你在哪儿做事? (Nǐ zài nǎr zuò shì?)
做买卖 (zuò mǎi mài。)
做饭 (zuò fàn)
做菜 (zuò caì)

买(mǎi) 사다 : 买东西 (mǎi dōngxi)

卖(mài) 팔다 : 卖东西 (mài dōngxi)

穿(chuān) 입다 : 穿衣服 (chuān yīfu)

脱(tuō) 벗다 : 脱衣服 (tuō yīfu)

想(xiǎng) 생각하다, ~하고 싶다 : 我想回家。(Wǒ xiǎng huíjiā。)

喜欢(xǐhuan) 좋아하다 : 你喜欢哪一种?(Nǐ xǐhuan nǎ yī zhǒng?)

打(dǎ) 치다, 대리다 : 打电话(dǎ diànhuà)
打人(dǎrén)
打架(dǎjià)

等(děng) 기다리다 : 请等一下!(Qǐng děng yī xià!)

2) **취미관련 상용표현을 참고하여 자신의 취미를 소개해 보시오.**

介绍一下你的兴趣。 당신의 취미를 소개해 보세요.
Jièshào yīxià nǐ de xìngqù。

你有什么爱好? 무슨 취미가 있습니까?
Nǐ yǒu shénme àihào?

你喜欢哪一种运动? 당신은 무슨 운동을 좋아하십니까?
Nǐ xǐhuan nǎ yī zhǒng yùndòng?

你喜欢哪一种音乐? 당신은 어떤 음악을 좋아하십니까?
Nǐ xǐhuan nǎ yīzhǒng yīnyuè?

你喜欢哪种菜? 당신은 어떤 음식을 좋아하십니까?
Nǐ xǐhuan nǎ zhǒng cài?

3) **다음 곡을 읽고 불러 봅시다.**

[호랑이 두 마리]

两只老虎。 호랑이 두 마리
Liǎng zhī lǎohǔ。

两只老虎。 호랑이 두 마리
Liǎng zhī lǎohǔ。

跑得快。 빨리 달린다
Pǎo de kuài。

跑得快。 빨리 달린다
Pǎo de kuài。

一只没有尾巴。 한 마리는 꼬리 없어
Yī zhī méiyǒu wěiba。

一只没有耳朵。 한 마리는 귀가 없어

Yī zhī méiyǒu ěrduo。

真奇怪。 정말 이상하다

Zhēn qíguài。

真奇怪。 정말 이상하다

Zhēn qíguài。

속어 한마디

一口吃，不成大胖子。Yīkǒu chī，bùchéng dà pàngzi。한술밥에 배 부르지 않는다.

a guide chinese

第 5 課

/가/족/

1. 본 문

1 A：你家有几口人?

Nǐ jiā yǒu jǐ kǒu rén?

B：我家有四口人，你家呢？

Wǒ jiā yǒu sì kǒu rén, nǐ jiā ne?

A：我家有三口人，爸爸，妈妈和我。

Wǒ jiā yǒu sān kǒu rén。bàba, māma hé wǒ。

B：你爸爸做什么工作？

Nǐ bàba zuò shénme gōngzuò?

A：我爸爸是老师。

Wǒ bàba shì lǎoshī。

2 A：这是你家人的照片吗？

Zhè shì nǐ jiārén de zhàopiàn ma?

B：是的。

Shì de。

A：你家一共有五口人吗？

Nǐ jiā yígòng yǒu wǔ kǒu rén ma?

B：对。奶奶，爸爸，妈妈，哥哥和我。

Duì。Nǎinai, bàba, māma, gēge hé wǒ。

A：你哥哥是学生吗？

Nǐ gēge shì xuésheng ma?

B：是。我哥哥在大学学习汉语。

Shì。Wǒ gēge zài dàxué xuéxí hànyǔ。

3 A：你家在哪儿？

Nǐ jiā zài nǎr？

B：我家在济州道。

Wǒ jiā zài Jìzhōudào。

A : 是吗？你是在济州道长大的吗？

Shì ma？Nǐ shì zài Jìzhōudào zhǎng dà de ma？

B : 是的。我是生在济州道，长在济州道的。

Shì de。Wǒ shì shēng zài Jìzhōudào, zhǎng zài Jìzhōudào de。

2. 새로나온 단어

家 (jiā) : 집

有 (yǒu) : ～있다. ～을 가지고 있다

几 (jǐ) : 몇

口 (kǒu) : 가족을 세는 양사

爸爸 (bàba) : 아버지

妈妈 (māma) : 어머니

和 (hé) : 와

做 (zuò) : ～하다

工作 (gōngzuò) : 일

家人 (jiārén) : 가족

照片 (zhàopiàn) : 사진

一共 (yígòng) : 모두, 다

五(wǔ) : 오, 다섯

哥哥 (gēge) : 형, 오빠

在 (zài) : ～에, ～에서

学习(xuéxi) : 공부하다, 배우다

济州道(Jìzhōudào) : 제주도

生(shēng) : 태어나다

长(zhǎng) : 자라다, 성장하다
长大(zhǎngdà) : 자라다, 성장하다

3. 친족 호칭 표현

할아버지(爷爷) : yéye
할머니(奶奶) : nǎinai
큰아버지(伯父) : bófù
작은 아버지(叔叔) : shūshu
고모(姑姑) : gūgu
아버지(爸爸) : bàba
외할아버지(姥爷) : lǎoyé
외할머니(姥姥) : lǎolao
어머니(妈妈) : māma
이모(姨姨) : yíyí (결혼한 이모 姨妈 yímā)
외삼촌(舅舅) : jiùjiu
오빠(형)(哥哥) : gēge
남동생(弟弟) : dìdi
언니(누나)(姐姐) : jiějie
여동생(妹妹) : mèimei
며느리(儿媳妇) : érxífu
아들(儿子) : érzi
딸(女儿) : nǚér
사위(女婿) : nǚxu
남편[丈夫(爱人)] : zhàngfu (àirén)
아내[妻子(爱人)] : qīzi (àirén)
시아버지(公公) : gōnggong
시어머니(婆婆) : pópo
장인(岳父) : yuèfù
장모(岳母) : yuèmǔ

4. 요점 및 보충설명

1) '有' 자문

'有'는 소유를 나타내는 동사이다.

我有汉语词典。(Wǒ yǒu hànyǔ cídiǎn。나는 중국어 사전을 가지고 있다.)

他有三个孩子。(Tā yǒu sānge háizi。그는 아이가 셋이다.)

'有'의 부정은 '没有'이다. '不有'라고는 말하지 않는다.

我没有空。(나는 시간이 없다.)

'有'동사는 또한 존재를 나타내기도 한다. [장소+有+사람/사물]의 형태로 쓰인다.

我家有五口人。(Wǒjiā yǒu wǔkǒu rén。우리집 식구는 5명이다.)

图书馆里有很多书。(Túshūguǎn li yǒu hěnduō shū。도서관에는 책이 아주 많다.)

2) 전치사 '在'

"我哥哥在大学学习汉语。"(Wǒ gēge zài dàxué xuéxí hànyǔ。내 형은 대학에서 중국어를 공부한다)에서 '在'는 '~에서'란 뜻의 명사 '大学' 앞에 놓여 '전치사+장소명사'의 구조를 이룬다. 명사의 앞에 위치하기 때문에 전치사이다. 우리말에서는 전치사 '在'에 해당하는 '~에서'를 명사의 뒤에 둔다. 즉, 후치사가 되는 셈이다. 그러나 '在大学'와 '학교에서'는 구조는 틀리지만, 둘 다 동사 '学习'와 '공부한다' 앞에서 그 동작이 행해지는 장소를 나타내는 부사어가 되고 있다.

기타 자주 쓰이는 전치사로는 '从 cóng, ~으로부터' '把 bǎ, ~을' '被 bèi, ~에 의해서' '给 géi, ~에게' '向 xiàng, ~을 향하여'와 같은 것들이 있다.

3) 보 어

위 2)번 예문에서 '在学校'(전치사+보어)는 동사 '学习'의 앞에 쓰여 부사가 된다. 그러나 "我是生在济州道，长在济州道的。" (Wǒ shì shēng zài Jìzhōudào, zhǎng zài Jìzhōudào de。나는 제주도에서 태어나고 제주도에서 자라났다.)에서, '제주도에서'란 의미에 해당하는 '在济州道'(전치사+보어)는 '출생하다'라는 동사 '生'과 '성장하다'라는 동사 '长'의 뒤에 출현하고 있다. 이처럼 동사의 뒤에서 그 동사를 보충 설명해주는 역할을 하는 부분이 보어이다. 즉, 동사의 앞에 오는 것은 부사어, 동사의 뒤에 오는 것은 보어가 되는 것이다.

보어의 종류로는 보어가 표시하는 의미에 따라 결과 보어, 정도 보어, 수량 보어, 방향 보어, 가능 보어 등으로 나눌 수 있다.

5. 연습문제

1) 교체 연습

我有 一本汉语词典 。(Wǒ yǒu yī běn hànyǔ cídiǎn。나는 중국어 사전이 있습니다.)

보기： 三个孩子 (sānge háizi 세 아이)
很多书 (hěn duō shū 많은 책)
三本书(sān běn shū 책 세 권)
一辆汽车(yī liàng qìchē 차 한 대)
很好的想法(hěn hǎo de xiǎngfǎ 좋은 생각)

2) 전치사 사용 연습

我哥哥___大学学习汉语。(zài, ～에서) --在

我___学校回来。(cóng～으로부터) --从

我___钱还他了。(bǎ, ～을) --把

那条鱼___猫吃了。(bèi, ～에 의해서) --被

我___他打电话。(gěi, ～에게) --给

我___他道歉。(xiàng, ～을 향하여) --向

3) 다음의 중국 노래를 배워서 불러 보세요.

<朋友>周华健 <péngyǒu> Zhōu Huájián

这些年 一个人 风也过 雨也走

zhè xiē nián yī gè rén fēng yě guò yǔ yě zǒu

有过泪 有过错 还记得 坚持什么

yǒu guò lèi yǒu guò cuò hái jì dé jiān chí shénmė

真爱过 才会懂 会寂寞 会回首

zhēn ài guò cái huì dǒng huì jì mò huì huí shǒu

终有梦 终有你 在心中

zhōng yǒu mèng zhōng yǒu nǐ zài xīn zhōng

朋友 一生一起走

péng yǒu yī shēng yī qǐ zǒu

那些日子 不再有

nà xiē rì zi bù zài yǒu

一句话 一辈子 一生情 一杯酒

yī jù huà yī bèi zi yī shēng qíng yī bēi jiǔ

朋友 不曾孤单过

péng yǒu bù cēng gū dān guò

一声朋友 你会懂

yī shēng péng yǒu nǐ huì dǒng

还有伤 还有痛 还要走 还有我#

hái yǒu shāng hái yǒu tòng hái yào zǒu hái yǒu wǒ#

속어 한마디

马瘦尚可肥, 士俗不可医。Mǎ shòu shàng kě féi, shì sú bù kě yī。: 말이 마르면 그래도 살찌울 수 있으나, 선비가 속되면 치료할 수가 없다。

a guide chinese

第 6 課

/날/짜/

1. 본 문

1 A： 今天几月几号?

Jīntiān jǐ yuè jǐ hào?

B： 今天九月二十二号。

Jīntiān jiǔ yuè èr shí èr hào。

A： 今天星期几?

Jīntiān xīngqī jǐ?

B： 今天星期五。

Jīntiān xīngqī wǔ。

A： 明天你要做什么？

Míngtiān nǐ yào zuò shénme?

B：我要到朋友家去玩儿。

Wǒ yào dào péngyou jiā qù wánr。

2 A：小李的生日是几月几号？

Xiǎo Lǐ de shēngrì shì jǐ yuè jǐ hào?

B：小李的生日四月十四号。

Xiǎo Lǐ de shēngrì sì yuè shí sì hào。

A：那就是后天了。

Nà jiùshì hòutiān le。

B：我们送给他什么礼物吧!

Wǒmen sòng gěi tā shénme lǐwù ba!

A：音乐光盘怎么样？

Yīnyuè guāngpán zěnmeyàng？

B：好，他非常喜欢听音乐。

Hǎo，tā fēicháng xǐhuān tīng yīnyuè

A：明天我们一起去买礼物，好不好？

Míngtiān wǒmen yīqǐ qù mǎi lǐwù，hǎo bù hǎo？

B：好，明天见!

Hǎo，míngtiān jiàn!

A：明天见!

Míngtiān jiàn!

3 A：你今年多大了?

Nǐ jīnnián duō dà le?

B：我今年二十六岁了。

Wǒ jīnnián èr shí liù suì le。

A：现在几点?

Xiànzài jǐ diǎn?

B：现在两点十分。

Xiànzài liǎng diǎn shí fēn。

A：你晚上几点睡觉?

Nǐ wǎnshàng jǐ diǎn shuìjiào?

B：我晚上十点睡觉。

Wǒ wǎnshàng shí diǎn shuìjiào。

2. 새로나온 단어

几 (jǐ)：몇
月 (yuè)：월
号 (hào)：일
六 (liù)：6
星期 (xīngqī)：요일
星期五 (xīngqīwǔ)：금요일
明天 (míngtiān)：내일
要 (yào)：～을 하려고 하다, 원하다
到 (dào)：～까지, ～로, ～에
玩儿 (wánr)：놀다
生日 (shēngrì)：생일
后天 (hòutiān)：모레
送 (sòng)：보내다
给 (gěi)：주다
礼物 (lǐwù)：선물
光盘 (guāngpán)：CD
非常 (fēicháng)：매우
一起 (yīqǐ)：같이
买 (mǎi)：사다
岁(suì)：나이
现在(xiànzài)：현재
两(liǎng)：둘, 이
晚上(wǎnshang)：저녁
睡觉(shuìjiào)：잠(자다)

3. 상용표현

1) 숫자 (1-10)

숫자	一	二	三	四	五	六	七	八	九	十
병음	yī	èr	sān	sì	wǔ	liù	qī	bā	jiǔ	shí

2) 연도 표현

재작년	작년	금년	내년	내후년
前年	去年	今年	明年	后年
qiánnián	qùnián	jīnnián	míngnián	hòunián

3) 달 표현

1월	一月	yīyuè
2월	二月	èryuè
3월	三月	sānyuè
4월	四月	sìyuè
5월	五月	wǔyuè
6월	六月	liùyuè
7월	七月	qīyuè
8월	八月	bāyuè
9월	九月	jiǔyuè
10월	十月	shíyuè
11월	十一月	shíyī yuè
12월	十二月	shíèr yuè

4) 요일 표현

월요일	星期一	xīngqī yī
화요일	星期二	xīngqī èr
수요일	星期三	xīngqī sān
목요일	星期四	xīngqī sì
금요일	星期五	xīngqī wǔ
토요일	星期六	xīngqī liù
일요일	星期天(日)	xīngqī tiān(rì)

4. 요점 및 보충설명

1) 의문을 표시하는 '多'

"你今年多大了?"(Nǐ jīnnián duōdà le? 당신은 올해 몇 살입니까?)에서처럼 '多'는 뒤에 오는 형용사와 같이 의문문을 만들고, '얼마나'란 의미를 나타낼 수 있다. 주의해야할 점은 '多' 다음에 오는 형용사는 대부분이 '大, 高, 远, 厚...'처럼 비교적 적극적인 의미의 단어가 오지 '少, 小, 低, 近, 薄...'과 같이 소극적인 의미의 단어는 오지 않는다는 점이다.

나이를 묻는 표현에 있어서는 연령에 따라 묻는 방법이 달라질 수 있다는 점에 주의를 할 필요가 있다. 아이들에게 물을 때는 "你几岁了？"라고 하고, 동년배나 젊은 사람들에게는 "你多大了？"라고 하고, 어른들에게는 "您多大年纪了？" 혹은 "您多大岁数了？"라고 하면 된다.

2) 명사 술어문

서술어가 명사나 명사 성분으로 된 문장을 말한다.

今天几月几号? (Jīntiān jǐyuè jǐ hào? 오늘은 몇 월 며칠입니까?)

今天星期几? (Jīntiān xīngqī jǐ? 오늘은 무슨 요일입니까?)

3) 조동사 '要'

조동사 '要'는 일반적으로 동사 앞에 놓여 바램·희망·능력·가능 등을 나타내고, 부정형은 조동사 앞에 '不'를 사용한다. 예 : "我要吃面包。" (Wǒ yào chī miànbaō。 나는 빵을 먹겠다.)의 부정은 "我不要吃面包。"이다.

조동사 '要'는 긍정형과 부정형을 나란히 써서 정반 의문문을 만들 수 있다.

예 : "你要不要吃什么?" (Nǐ yào bù yào chī shénme? 너 뭐 먹을래, 안 먹을래?)

기타 상용 조동사로 '会'·'能'·'可以' 등이 있다.

예 : 你会说俄语吗? Nǐ huì shuō Éyǔ ma?
당신은 러시아말을 할 줄 아십니까?

你会不会开车? Nǐ huì bu huì kāi chē?
당신은 자동차를 운전할 줄 아십니까?

你明天能去吗? Nǐ míngtiān néng qù ma?
당신 내일 가실 수 있습니까?

能不能便宜一点儿? Néng bu néng piányi yīdiǎnr?
좀 싸게 해주실 수 없습니까?

긍정문의 경우 일반적으로 '能(néng)'과 '会(huì)'는 모두가 경험이나 학습 등을 통해서 어떤 능력을 가짐을 표시할 수 있으나, 부정의 경우는 쓰임이 조금 다르다. 객관적인 상황의 허가를 나타내는 경우는 '能'을 써야지 '会'를 쓰지 않는다. 예를 들어 너는 술을 마셨으니 혹은 몸이 불편하니 운전을 해서는 안 된다고 말하고자 할 때는 "你不能开车。"를 써야지 "你不会开车。"를 써서는 안된다.

그런 의미에서 보면, 어떤 일에 대한 허가나 허용의 뜻을 나타내는 '可以(kěyǐ)'는 '能'으로 교체될 수도 있다. 예를 들면, "这儿可以打电话吗?"(Zhèr kěyǐ dǎ diànhuà ma? 여기서 전화를 해도 됩니까?)나 "这里可以抽烟吗?" (Zhèli kěyǐ chōuyān ma? 여기서 담배 피워도 됩니까?)는 "这儿能打电话吗?"와 "这里能抽烟吗?"라고 말할 수도 있다.

4) 어기조사 '了'

어기조사 '了'는 새로운 상황이 출현하거나 상황이 변화함을 표시한다. 형용사 술어문, '是'자문, '有'자문, 조동사가 이끄는 술어문 그리고 부정문의 문말에 '了'를 이용하여 상황의 변화를 표시할 수 있다. 예를 들면 "你今年多大了?" (Nǐ jīnnián duōdà le? 너는 올해 몇 살이나 되었니?)는 형용사 술어문의 예이고, "那就是后天了。" (Nà jiùshì hòutiān le。 그럼 모레겠구나.)는 '是'자문의 경우이다. '是'자문에 쓰인 '了'는 때로 확정적인 어기를 표현하기도 한다

어기조사 '了'는 명사 술어문에도 쓰일 수 있다.

예 : 我今年二十六岁了。(Wǒ jīnnián èr shí liù suì le。 나는 올해 26살이 되었다.)

现在几点了? (Xiànzài jǐdiǎn le? 지금 몇 시나 되었니?)

现在十点十分了。(Xiànzài shídiǎn shífēn le。 지금 10시 10분이 되었다.)

5) '二'과 '两'

'两'과 '二'은 모두 2를 나타낸다. 양사 앞(혹은 양사를 필요로 하지 않는 명사 앞)에서는 일반적으로 '两'을 쓰고 '二'을 쓰지 않는다. 예 : 两天(이틀), 两个人(두 사람), 两点(2시).

물론 '斤(jīn)'과 같은 전통 양사에는 구분 않고 둘 다 쓸 수 있다.

5. 연습문제

1) 다음 질문에 중국어로 답하시오.

(1) 情人节(St.Valentine's Day)几月几号?
Qíngrénjié(St.Valentine's Day) jǐ yuè jǐ hào?

(2) 你母亲的生日几月几号?
Nǐ mǔqīn de shēngrì jǐ yuè jǐ hào?

(3) 今天是星期三, 那后天是星期几?

Jīntiān shì xīngqī sān, nà hòutiān shì xīngqī jǐ?

(4) 今年是哪一年?

Jīnnián shì nǎ yì nián?

(5) 韩中两国的建交日期是什么时候(哪年哪月哪日)?

Hánzhōng liǎngguó de jiànjiāo rìqī shì Shénme Shíhou?

(참고 : 1992. 8. 24)

2) 의문사 '几'를 사용한 의문문 연습

(1) 今天几月几号星期几? Jīntiān jǐ yuè jǐ hào xīngqī jǐ?

(2) 你每天几点起床? Nǐ měitiān jǐ diǎn qǐchuáng?

(3) 一般几点睡觉? Yībān jǐ diǎn shuìjiào?

(4) 你几点上课? Nǐ jǐ diǎn shàngkè?

(5) 你几点上班? Nǐ jǐ diǎn shàngbān?

(6) 你几点下课? Nǐ jǐ diǎn xiàkè?

(7) 你几点下班? Nǐ jǐ diǎn xiàbān?

(8) 你几点吃早饭? Nǐ jǐ diǎn chī zǎofàn?

(9) 你几点去学校? Nǐ jǐ diǎn qù xuéxiào?

(10) 你几点回家? Nǐ jǐ diǎn huíjiā?

3) 아래의 날짜를 중국어로 읽으시오.

(1) 1972년 4월 19일

(2) 1988년 3월 30일

(3) 1999년 12월 23일

(4) 2001년 6월 8일

4) **아래 시를 노래로 불러 봅시다.**

偶然 (ǒurán) 우연

서지마(徐志摩)의 시

我是天空里的一片云，偶尔投影在你的波心。
Wǒ shì tiānkōng li di yī piàn yún，ǒu'ěr tóuyǐng zài nǐ di bōxīn
나는 하늘에 떠있는 한 조각 구름이지요. 우연히 당신의 파동 치는 가슴을 비치게 되었지요.

你不必讶异无须欢欣，在转瞬间消灭了踪影。
Nǐ bù bì yàyì wú xū huānxīn，zài zhuǎn shùnjiān xiāomiè liao zōngyǐng
당신은 놀래거나 기뻐하지 않으셔도 됩니다. 순식간에 그 자취는 사라져버릴 테니까요.

你我相逢在黑夜的海上，你有你的，我有我的方向。
Nǐ wǒ xiāngféng zài hēiyè di hǎishàng，nǐ yǒu nǐ di, wǒ yǒu wǒ di fāngxiàng
당신과 나는 어두운 바다에서 서로 만나지요. 당신은 당신의 길이, 나는 나의 길이 있지요.

你记得也好，最好你忘掉，在这交会时互放的光亮。
Nǐ jì de yě hǎo, zuì hǎo nǐ wàngdiào, zài zhè jiāohuì shí hùfàng di guāngliàng
당신이 기억을 해도 좋겠지만, 가장 좋기로는 당신이 잊어버리는 것이지요, 우리가 만났을 때 서로 보냈던 그 눈빛을.

속어 한마디

不忍耐的天才，负于能忍耐的庸才。Bù rěnnài de tiāncái，fùyú néng rěnnài de yōngcái。 인내할 줄 모르는 천재는 인내하는 범재에게 진다.

a guide chinese

第 7 課

/전/화/

1. 본 문

1 A : 喂，韩国大学中文系吗?

Wéi, Hánguó Dàxué zhōngwénxì ma?

B : 对，您找谁?

Duì, nín zhǎo shuí?

A : 我找系主任。

Wǒ zhǎo xì zhǔrèn。

B : 您是谁?

Nín shì shuí?

A : 我是北京大学的李杰。

Wǒ shì Běijīng Dàxué de Lǐ Jié。

B：好，请等一下。

Hǎo, qǐng děng yīxià。

A：麻烦您了。

Máfan nín le。

B：不客气。

Bú kèqi。

2 A：喂，我是崔昌浩。你好，王小姐!

Wéi, wǒ shì Cuī Chānghào。Nǐ hǎo, Wáng xiǎojiě!

B：你好! 崔先生。

Nǐ hǎo! Cuī xiānsheng

A：今天有什么事?

Jīntiān yǒu shénme shì?

B：有一件事跟你商量一下。

Yǒu yíjiàn shì gēn nǐ shāngliáng yīxià。

A：什么事？

Shénme shì？

B：明天跟我一起去北京，怎么样？
Míngtiān gēnwǒ yīqǐ qù Běijīng，zěnmeyàng？

A：对不起，我昨天已经去了一趟。
Duìbuqǐ，wǒ zuótiān yǐjīng qùle yītàng。

B：是吗？那我只好一个人去了。
Shì ma？Nà wǒ zhǐhǎo yī ge rén qù le。

3 A：喂，你找谁！
Wéi, nǐ zhǎo shuí!

B：请问，小王在吗？
Qǐngwèn, xiǎoWáng zài ma?

A：真不巧，他刚出去了。
Zhēn bùqiǎo, tā gāng chūqù le。

B：是这样，他什么时候回来？
Shì zhèyàng, tā shénme shíhou huílái?

A：我不太清楚。你要留言吗？
Wǒ bútài qīngchu。nǐ yào liúyán ma?

B：麻烦你，我是他的朋友，叫李惠珍，等他回来，请他回个电话。

Máfan nǐ, wǒ shì tā de péngyou, jiào Lǐ Huìzhēn, děng tā huílái, qǐng tā huí ge diànhuà。

A：好的，我一定转告他。

Hǎo de, wǒ yīdìng zhuǎngào tā。

B：谢谢你。

Xièxie nǐ。

A：不用谢！

Búyòng xiè!

2. 새로나온 단어

喂 (wéi)：여보세요!

对 (duì)：맞다

找 (zhǎo)：찾다

谁 (shéi, shuí)：누구

中文系 (zhōngwénxì)：중문과

主任 (zhǔrèn)：과장, 주임

北京大学 (Běijīng Dàxué)：베이징 대학

李杰 (Lǐ Jié)：인명

请(qǐng)：요청하다. 부탁하다

等 (děng) : 기다리다

一下 (yīxià) : 한번, 잠시, 잠깐

麻烦 (máfan) : 귀찮게 하다, 폐를 끼치다

不客气 (bú kèqi) : 천만에요, 별말씀을

小姐 (xiǎojie) : 아가씨

事儿 (shìr) : 일

王(Wáng) : 성(姓)

先生(xiānsheng) : 선생, 씨(성인 남자에 대한 존칭)

件(jiàn) : 일, 사건 등을 세는 양사

商量 (shāngliáng) : 상의하다

时间 (shíjiān) : 시간

对不起(duì bu qǐ) : 미안하다.

可以 (kěyǐ) : ~해도 좋다, 할 수 있다

真 (zhēn) : 정말

不巧 (bùqiǎo) : 공교롭다

刚 (gāng) : 방금

出去 (chūqù) : 나가다

这样 (zhèyàng) : 이렇게, 이래서

回来 (huílái) : 돌아오다

不太 (bù tài) : (부분 부정에 쓰여) 그다지~하지 않다

清楚 (qīngchu) : 분명하다

留言(liúyán) : 말을 남기다

回(huí) : 대답하다, 회답하다

电话 (diànhuà) : 전화

一定 (yīdìng) : 반드시

转告 (zhuǎngào) : 전해주다

谢谢 (xièxie) : 감사합니다

不用 (búyòng) : ~할 필요없다

3. 상용표현

1) "~(집에) 있습니까?"의 표현

王老师在(家)吗？(Wáng lǎoshī zài jiā ma？) 왕 선생님 계십니까?

小李在(家)吗？ (Xiǎo Lǐ zài jiā ma？) 이군 있습니까?

师母在(家)吗？ (Shīmǔ zài jiā ma？) 사모님 계십니까?

2) "거기가 ~입니까?"의 표현

你那儿是北京站吗？(Nǐ nàr shì Běijīng zhàn ma？)

你是北京站吗？(Nǐ shì Běijīng zhàn ma？)

3) "~는 지금 없다."의 표현

王老师出去了。(Wáng lǎoshī chū qù le。)

王老师不在。(Wáng lǎoshī bù zài。)

王老师不在家。(Wáng lǎoshī bù zài jiā。)

王老师没在。(Wáng lǎoshī méi zài。)

王老师没在家。(Wáng lǎoshī méi zài jiā。)

4) "잠시 기다리세요"의 표현

请你等一会儿。(Qǐng nǐ děng yī huìr。)

请你等一下。(Qǐng nǐ děng yī xià。)

稍微等一下。(Shāowēi děng yī xià。)

请稍等。(Qǐng Shāo děng。)

5) 잘 안 들릴 때의 표현

我听不清楚。(Wǒ tīng bù qīngchu。)

나는 잘 안 들린다.

我没听清楚。(Wǒ méi tīng qīngchu。)

나는 정확히 못 들었다.

请你再说一遍。(Qǐng nǐ zài shuō yī biàn。)

다시 한번 말씀해 주시겠습니까?

请你慢点(儿)讲。(Qǐng nǐ màn diǎn(r) jiǎng。)

좀 천천히 말씀해 주십시오.

请你说大声一点(儿)。(Qǐng nǐ shuō dà shēng yī diǎn(r)。)

좀 크게 말씀해 주십시오.

4. 요점 및 보충설명

1) 동량사 '趟tàng'

동량사 '趟tàng' · '次cì' · '遍biàn' 등은 수사와 같이 결합하여 동사 뒤에서 보어가 될 수 있으며, 동작 발생의 횟수 등을 표시한다. 주요 동량사를 살펴보면 다음과 같다.

동량사	용 도	자주 결합하는 동사
次cì	반복해서 나타내는 일	去 找 来 参观
遍biàn	한 동작이 시작되어 끝날 때까지의 전체 과정	看 说 写 念 听 抄 翻译
下(儿)xiàr	짧은 시간의 동작	打 敲 摇 想 玩 讨论
趟tàng	왕복의 횟수	去 来
回huí	반복해서 나타나는 동작	看 送
场cháng	일의 경과, 자연 현상 등	下(雨) 打(球)
阵zhèn	잠시 동안 지속되는 일이나 동작	刮(风)
顿dùn	식사, 질책, 권고, 구타 등의 횟수	吃 打 骂

2) '跟他~一下'

"跟他～一下"는 "그와～해 보세요"란 의미를 표시한다. '跟gēn'은 '～와'의 의미를 나타내는 전치사이다. '전치사＋～'는 뒤에 오는 동사와 의미관계를 맺는 부사어가 된다. '一下'는 ① 동사 뒤에 쓰여서 '한 번～하다'·'시험삼아～해보다'·'좀～하다'의 의미를 전달하는 하나의 단어로 쓰이며, ② '수사(一)＋양사(下)'로 분석되어지는 동량사(수량사)로 쓰여서 '한 번'이란 의미를 뜻하고, ③ 간혹 '一下'는 '짧은 시간'을 뜻하는 단어로도 쓰인다. 예 : 天气，一下冷，一下热。(날씨가 잠깐 추웠다, 잠깐 더웠다 한다.)

5. 연습문제

1) 교체 연습

(1) 我跟 <u>你</u> 商量一下。Wǒ gēn nǐ shāngliáng yīxià。
보기 : 他，老师，同学，学校，教练

(2) 你跟他 <u>商量</u> 一下。Nǐ gēn tā shāngliáng yīxià。
보기 : 讨论，比较，较量

2) 동량사 사용 연습

我去了一____北京。

请你再说一____。

我打了他两____。

下了一____大雨。

我去一____天津。

妈妈骂了孩子一____。

3) 다음 곡을 읽고 불러 봅시다.

[甜蜜蜜 (tián mìmì)
달콤함]　등려군 노래

甜蜜蜜。你笑得甜蜜蜜。
Tián mìmì。Nǐ xiào de tián mìmì。
달콤해요. 당신의 웃음은 달콤해요.

好象花儿开在春风里。
Hǎo xiàng huār kāi zài chūn fēng li。
마치 봄바람 속에서 꽃피는 것처럼 말이죠.

开在春风里。
Kāi zài chūn fēng li。
봄바람 속에서 피는 꽃처럼.

在哪里。在哪里见过你。

Zài nǎ li。zài nǎ li jiàn guo nǐ。

어디에선가. 어디에선가 당신을 보았었죠.

你的笑容这样熟悉。

Nǐ di xiào róng zhè yàng shú xī。

당신의 웃는 얼굴이 무척 낯이 익군요.

我一时想不起。

Wǒ yī shí xiǎng bu qǐ。

제가 지금은 잠시 생각이 나지 않네요.

啊 ~ 在梦里。

Ā ~ zài mèng li。

아 ~ 꿈속이었군요.

梦里梦里见过你。

Mèng li mèng li jiàn guo nǐ。

꿈속에서 꿈속에서 당신을 보았어요.

甜蜜笑得多甜蜜。

Tián mì xiào de duō tián mì。

아주 달콤한 당신의 미소를

是你。是你。梦见的就是你。

Shì nǐ shì nǐ mèng jiàn di jiù shì nǐ。

당신입니다. 당신입니다. 꿈속에서 만난 사람은 바로 당신입니다.

在哪里在哪里见过你。

Zài nǎ li zài nǎ li jiàn guo nǐ。

어디에선가 당신을 보았었죠.

你的笑容这样熟悉。

Nǐ di xiào róng zhè yàng shú xī。

당신의 웃는 모습이 이렇게 낯이 익으니까요.

我一时想不起。

Wǒ yī shí xiǎng bu qǐ。

제가 지금 당장은 생각이 나지 않네요.

속어 한마디

万事开头难。Wànshì kāitóu nán。: 모든 일은 처음이 어렵다. 시작이 반이다.

a guide chinese

第 8 課

/길/묻/기/

1. 본 문

1 A：请问，北京大学怎么走？

Qǐngwèn，Běijīng Dàxué zěnme zǒu？

B：你得坐公共汽车。

Nǐ děi zuò gōnggòngqìchē。

A：要坐几路车？

Yào zuò jǐ lù chē？

B：331路。

Sān sān yāo lù。

A：这儿有331路吗？

Zhèr yǒu sān sān yāo lù ma？

B：这儿没有。你得过马路，在那边有。

Zhèr méiyǒu。Nǐ děi guò mǎlù，zài nàbiān yǒu。

A：谢谢!

Xièxie!

B：不客气!

Bùkèqi!

2 A：请问，中国书店在哪儿？

Qǐngwèn，Zhōngguó shūdiàn zài nǎr？

B：一直往前走，到路口再往右拐。

Yīzhí wǎng qián zǒu，dào lùkǒu zài wǎng yòu guǎi。

A：离这儿远不远？

Lí zhèr yuǎn bù yuǎn？

B：不远，走十分钟就到了。

Bù yuǎn，zǒu shí fēnzhōng jiù dào le。

3 A：请问，到天安门怎么走？

Qǐngwèn，dào Tiān'ānmén zěnme zǒu？

B：走路去，还是坐车去？

Zǒulù qù，háishì zuòchē qù？

A：坐车去。

Zuòchē qù。

B：这里没有到天安门的车，你可以打的去。

Zhèlǐ méiyǒu dào Tiān'ānmén de chē，nǐ kěyǐ dǎdí qù。

A：天安门离这儿多远？

Tiān'ānmén lí zhèr duō yuǎn？

B：不太远，打的的话，大约十分钟就到了。

Bù tài yuǎn，dǎdí de huà，dàyuē shí fēn zhōng jiù dào le。

2. 새로나온 단어

怎么(zěnme)： 어떻게

走(zǒu)： 가다, 걷다

得(děi)： ～해야 한다

坐(zuò)： 앉다

公共汽车(gōnggòngqìchē)： 버스

路(lù)： 노선

马路(mǎlù)： 길, 큰길

书店(shūdiàn)： 서점

一直(yīzhí)： 줄곧, 곧장

往(wǎng)： ～쪽으로

前(qián)： 앞

路口(lùkǒu)： 갈림길, 길목

再(zài)： 다시

右(yòu)： 오른쪽

拐(guǎi)： 꺾다, 돌다

远(yuǎn)： 멀다

钟(zhōng)： 시간, 시

走路(zǒulù)： 걸어서 가다

还是(háishì)： 아니면

打的(dǎdí)： 택시를 타다

～的话(～de huà)： 만약 ～한다면

大约(dàyuē)： 대략

3. 상용 표현

1) 버스 안에서의 표현

买票吗？(Mǎi piào ma？)
표를 사시겠습니까?

买票了吗？(Mǎi piào le ma？)
표를 샀습니까?

没有票的买票! (Méiyǒu piào de mǎi piào!)
표 없는 사람은 표를 사십시오.

前门车站快到了。(Qiánmén chēzhàn kuài dào le。)
치앤먼에 곧 도착합니다.

前门车站有下车的吗？(Qiánmén chēzhàn yǒu xià chē de ma?)
치앤먼에서 내릴 분 있습니까?

天安门到吗？(Tiān'ānmén dào ma?)
톈안먼 갑니까?

往里走! (Wǎng lǐ zǒu!)
안쪽으로 들어가세요.

往里挤一挤。(Wǎng lǐ jǐ yī jǐ!)
안쪽으로 좀 밀고 들어가 주십시오.

往里挤一下。(Wǎng lǐ jǐ yī xià!)
안쪽으로 좀 밀고 들어가 주십시오.

请准备下车。(Qǐng zhǔnbèi xiàchē。)
내릴 준비를 해 주십시오.

为了你们的安全，请扶好! (Wèi le nǐmen de ānquán，qǐng fú hǎo!)
여러분의 안전을 위하여, 잘 잡아 주십시오.

各位乘客，你们好! (Gè wèi chéng kè，nǐmen hǎo!)
승객 여러분, 안녕하십니까?

前方到达的车站是西直门站。(Qiánfāng dàodá de chēzhàn shì Xīzhímén zhàn。)
다음 도착역은 씨즈먼 역입니다.

请收好携带物品。(Qǐng shōu hǎo xiédài wùpǐn。)
휴대 물건을 잘 확인하십시오.

2) 택시 승차 관련 표현

请到北京大学。(Qǐng dào Běijīng Dàxué。)
베이징 대학으로 가주세요.

您到哪儿？(Nín dào nǎr？)
당신은 어디로 가십니까?

到十字路口，往右拐! (Dào shízìlùkǒu, wǎng yòu guǎi!)
사거리에 도착해서는 오른쪽으로 돌아주십시오.

上车吧!(Shàng chē ba!)
타십시오!

靠边停车!(Kàobiān tíng chē!)
옆쪽에 세워주십시오!

调头儿，可以吗？(Diàotóur，kěyǐ ma？)
유턴 해 주시겠습니까?

开慢点儿，好吗？(Kāi màn diǎnr，hǎo ma？)
좀 천천히 운전해 주시겠습니까?

开票，好吗？(Kāi piào，hǎo ma？)
영수증을 끊어주시겠습니까?

4. 요점 및 보충설명

1) 정반 의문문

형용사나 동사로 된 술어를 [긍정형+부정형] 형태로 병렬하여 만든 의문형식으로, 반복 의문문이라고도 한다. 이러한 의문문의 대답은 물음의 긍정 또는 부정을 선택해서 말하면 된다.

离这儿远不远？(Lí zhèr yuǎn bu yuǎn？) 여기에서 멉니까?
他去不去？ (Tā qù bu qù？) 그는 갑니까?
天气好不好？(Tiānqì hǎo bu hǎo？) 날씨가 좋습니까?
他是不是学生？(Tā shì bu shì xuésheng？) 그는 학생입니까?
你有没有钱？당신은 돈이 있습니까?

이 때 '不'나 '没'는 경성으로 읽고, '是不是'나 '有没有'를 사용한 의문문의 경우 '不是'나 '没有'는 문말에 올 수도 있다.

他是学生不是？(Tā shì xuésheng bu shì？)
你有钱没有？(Nǐ yǒu qián meiyǒu？)

2) 조동사 '得(děi)'

조동사로 쓰인 '得'는 어떤 일을 하는데 있어서의 필요성이나 당위성을 나타낸다.

예 : 你得过马路。(Nǐ děi guò mǎlù。) 당신은 길을 건너가야 합니다.

3) 동태조사 '了'

"走十分钟就到了。"(Zǒu shí fēnzhōng jiù dào le。 10분만 걸으면 금방 도착할 것이다.)에서 '了'는 '到'(도착하다)라는 동사 뒤에 쓰이고 있기 때문에 동태조사라고 한다. 하지만 문말에 쓰이는 동태조사는 자주 어감까지도 표시해주기 때문에 어기조사 '了'와 구분이 쉽지 않다. 이 예문에서는 가까운 미래에 대한 동작의 완성이나 확정적인 어감을 표시해주는 어기조사의 기능을 겸하고 있다. 가장 전형적인 동태조사의 예를 든다면, "我看完了这本小说。" (Wǒ kànwán le zhè běn xiǎoshuō。 나는 이 소설을 다 보았다.)와 같이 동작의 목적어가 와서 '了'가 문 가운데 오는 경우가 되겠다.

4) '还是'를 이용한 선택의문문

"走路去，还是坐车去？"(Zǒulù qù，háishì zuòchē qù？ 걸어서 갑니까? 아니면 차를 타고 갑니까?)에서처럼, "A还是B？"는 "A 아니면 B？"의 뜻으로 의문문을 만들 수 있다. 이를 선택 의문문이라 한다.

5) '~的话'

'～한다면'의 의미를 나타내는 가정표시 형식이다. 자주 '만약'이란 의미의 연결사 '要是'와 같이 쓰여 '要是～的话'의 형태를 취하며, '要是'나 '的话'를 생략하기도 한다.

예 : (要是)打的的话，大约十分钟就到了。택시 타면, 대략 10분이면 도착한다.
(Yàoshì) dǎdí de huà, dàyuē shí fēn zhōng jiù dào le。

要是明天下雨(的话)，我们就不去了。만약 내일 비가 오면, 우리들은 가지 않겠다. Yàoshì míngtiān xiàyǔ (de huà), wǒmen jiù bù qù le。

6) 격음 부호 ' ' '

한어 병음을 표기할 때 a, o, e로 시작하는 음절이 다른 음절 뒤에 이어질 경우, 음절간의 경계를 분명히 표시해 주기 위하여 격음 부호 ' ' '를 사용한다.

예 : 天安门 Tiān'ānmén
名 额 míng'é
笑 敖 xiào'áo

5. 연습문제

1) 교체 연습

(1) 打的 的话，很快就到了。

Dădí de huà，hĕn kuài jiù dào le。

보기 : 走路(zŏulù)，坐车(zuòchē)，骑车(qíchē)，坐飞机(zuòfēijī)，坐船(zuòchuán)

(2) 天安门 多 远 ?

Tiān'ānmén duō yuăn?

보기 : 学校(xuéxiào) 大(dà)
你的头发(nĭ de tóufa) 长(cháng)
他的个子(tā de gèzi) 高(gāo)
这本书(zhè bĕn shū) 厚(hòu)

2) 다음 예문을 정반 의문문으로 바꾸시오.

(1) 他去吗? → ( )

(2) 天气好吗? → ( )

(3) 他是学生吗? → ( )

3) 다음 곡을 읽고 불러 봅시다.

月亮代表我的心
Yuèliang dàibiǎo wǒ di xīn
달님이 내 마음을 대신하죠

등려군(邓丽君) 노래

你问我爱你有多深, 我爱你有几分。
Nǐ wèn wǒ ài nǐ yǒu duō shēn, wǒ ài nǐ yǒu jǐ fēn。
당신은 내게 당신을 얼마나 사랑하느냐고 물었죠, 내가 당신을 얼마나 사랑하는지.

我的情也真，我的爱也真, 月亮代表我的心。
Wǒ di qíng yě zhēn， wǒ di ài yě zhēn, yuèliang dàibiǎo wǒ di xīn。
나의 정은 진실되고 내 사랑도 진실해요, 달이 내 마음을 대신하죠.

你问我爱你有多深, 我爱你有几分。
Nǐ wèn wǒ ài nǐ yǒu duō shēn, wǒ ài nǐ yǒu jǐ fēn。
당신은 내게 당신을 얼마나 사랑하느냐고 물었죠, 내가 당신을 얼마나 사랑하는지.

我的情不移，我的爱不变。
Wǒ di qíng bù yí， wǒ di ài bù biàn。
나의 정은 변하지 않고 내 사랑도 변하지 않아요.

月亮代表我的心。
Yuèliang dàibiǎo wǒ di xīn。
달이 내 마음을 대신하죠.

轻轻的一个吻, 已经打动我的心。
Qīngqīng di yí ge wěn， yǐ jīng dǎ dòng wǒ di xīn
가벼운 입맞춤에 내 마음은 들뜨고

深深的一段情，教我思念到如今。
Shēnshēn di yí duàn qíng， jiào wǒ sīniàn dào rújīn
깊은 정은 아직도 당신을 그리워하게 하네.

你问我爱你有多深，我爱你有几分。
Nǐ wèn wǒ ài nǐ yǒu duō shēn，wǒ ài nǐ yǒu jǐ fēn。
당신이 내게 당신을 얼마나 사랑하느냐고 물었죠, 내가 당신을 얼마나 사랑하는지.

你去想一想，你去看一看。
Nǐ qù xiǎng yi xiǎng， nǐ qù kàn yi kàn。
생각해보세요, 생각해보세요.

月亮代表我的心。
Yuè liang dàibiǎo wǒ di xīn。
달이 내 마음을 대신하죠.

속어 한마디

不怕慢，只怕站。Bú pà màn, zhǐ pà zhàn。: 천천히 하는 것은 두렵지 않지만, 멈출까봐 두렵다。

a guide chinese

第9課

/교/통/

1. 본 문

1 A：你到哪儿？

Nǐ dào nǎr？

B：我到北京饭店。

Wǒ dào Běijīng Fàndiàn。

A：怎么走？

Zěnme zǒu？

B：走西单南路吧!

Zǒu Xīdān Nánlù ba!

A：这个时候，走西单南路，恐怕走不了了。

Zhè ge shíhòu zǒu Xīdān Nánlù, kǒngpà zǒubùliǎo le。

B：为什么呢？
Weishénme ne？

A：现在正好是高峰期，堵车呀!
Xiànzài zhènghǎo shì gāofēngqī, dǔchē ya!

B：是吗？那咱们上三环路怎么样？
Shìma？Nà zánmen shàng Sānhuánlù zěnmeyàng？

A：那儿好一些。
Nàr hǎo yīxiē。

2 A：先生，您到哪儿啊？
Xiānsheng，nín dào nǎr a？

B：请到中关村，好吗？
Qǐng dào Zhōngguāncūn，hǎo ma？

A：好了。请问中关村的哪儿？
Hǎo le。Qǐngwèn Zhōngguāncūn de nǎr？

B：海龙大厦。
Hǎilóng Dàshà。

A：好了。上车吧!

Hǎo le。Shàngchē ba!

B：我也不熟悉中关村。到时候，请你告诉我，好吗？

Wǒ yě bù shúxī Zhōngguāncūn。Dào shíhou, qǐng nǐ gàosu wǒ，hǎo ma？

A：没问题。

Méi wèntí。

3 A：先生，您知道民族书店在哪儿吗？

Xiānsheng，nín zhīdào Mínzú Shūdiàn zài nǎr ma？

B：在哪儿的呀？

Zài nǎr de ya？

A：在海淀区的。

Zài Hǎidiànqū de。

B：对不起，我可真不知道。

Duìbuqǐ，wǒ kě zhēn bùzhīdào。

A：没关系，我可以给你带路。
Méi guānxi，wǒ kěyi gěi nǐ dàilù。

B：那好。上车吧。
Nà hǎo。Shàngchē ba。

A：前面就是海淀区了，在哪儿下车呢？
Qiánmiàn jiùshì Hǎidiànqū le，zài nǎr xiàchē ne？

B：过红绿灯，靠边停一下。
Guò hónglǜdēng，kàobiān tíng yīxià。

2. 새로나온 단어

饭店(fàndiàn)：호텔
怎么(zěnme)：어떻게
走(zǒu)：가다, 걷다
西单南路(Xīdān Nánlù)：시단난루, 길 이름
时候(shíhou)：언제, ~때
恐怕(kǒngpà)：아마도
走不了(zǒubùliǎo)：갈 수 없다
为什么(wèishénme)：왜
正好(zhènghǎo)：마침, 바로 그때
高峰期(gāofēngqī)：러시 아워 시간
堵车(dǔchē)：차가 밀리다
呀(ya)：어기조사

咱们(zánmen) : 우리들

上(shàng) : 오르다, 가다

三环路(Sānhuánlù) : 산환루, 베이징 시내를 둘러싼 도로 이름. 신호등이 없는 것이 특징이다.

中关村(Zhōngguāncūn) : 중관춘, 지명 이름

海龙大厦(Hǎilóng Dàshà) : 건물명

大厦(dàshà) : 높은 건물, 빌딩

上车(shàngchē) : 차를 타다

熟悉(shúxī) : 익숙하다, 낯익다

告诉(gàosu) : 알리다, 말하다

问题(wèntí) : 문제

知道(zhīdào) : 알다

民族书店(Mínzú Shūdiàn) : 민족서점, 서점 이름

海淀区(Hǎidiànqū) : 하이디엔 구, 행정 구역의 하나

对不起(duìbuqǐ) : 미안합니다

可(kě) : 강조를 나타내는 부사, 정말

没关系(méi guānxi) : 관계없다

可以(kěyi) : ~할 수 있다

给(gěi) : 전치사, ~에게

带路(dàilù) : 길을 안내하다

下车(xiàchē) : 차를 내리다

过(guò) : 지나다

红绿灯(hónglǜdēng) : 신호등

靠边(kàobiān) : 길옆에 붙다

停(tíng) : 서다, 멈추다

3. 상용표현

1) 시간 표현

9：00　九点 整 jiǔ diǎn zhěng

9：01　九点零一分 jiǔ diǎn líng yī fēn

　　　九点过一分 jiǔ diǎn guò yī fēn

9：10　九点十分 jiǔ diǎn shí fēn

9：15　九点十五分 jiǔ diǎn shí wǔ fēn

　　　九点一刻 jiǔ diǎn yī kè

9：30　九点三十分 jiǔ diǎn sān shí fēn

　　　九点半 jiǔ diǎn bàn

9：45　九点四十五分 jiǔ diǎn sì shí wǔ fēn

　　　九点三刻 jiǔ diǎn sān kè

9：50　九点五十分 jiǔ diǎn wǔ shí fēn

　　　差十分十点 chà shí fēn shí diǎn

2) 완곡한 표현

호텔에 도착하면 좀 알려주시겠습니까?

到饭店时，请你告诉我(一下)，好吗？

Dào fàndiàn shí, qǐng nǐ gàosu wǒ (yīxià), hǎo ma？

나에게 설명 좀 해주시겠습니까?

请你帮我解释(一下)，好吗？

Qǐng nǐ bāng wǒ jiěshì (yīxià), hǎo ma？

길 모퉁이에 좀 세워주시겠습니까?

到路口儿停一下，好吗？

Dào lùkǒur tíng yīxià, hǎo ma？

잠시만 기다려 주시겠습니까?
稍微等一下，好吗？
Shāowēi děng yīxià，hǎo ma？

4. 요점 및 보충설명

1) '好吗?'

'好吗?'는 희망 · 선택 · 의지를 나타낼 때, 화자가 비교적 겸손하게 상대방의 의사를 물을 때, 혹은 상대방의 허가를 구할 때 자주 쓰인다. '一下'와 같이 자주 쓰이며, 상대방에게 허가를 구할 경우 '可以吗?'로 대체할 수도 있다.

2) **가능보어** '走不了'

'走不了'는 부정의 가능을 표시하는 형태이고, 긍정 가능 표시 형태는 '走得了'이다. 의문문은 '走得了走不了?'처럼 정반 의문문의 형태를 취한다.

3) **의문문 말미의** '呢'

앞의 질문을 받아 되묻는 표현에 사용되는 '呢'와는 달리 이러한 어기조사 '呢'는 정반 의문문, 선택 의문문, 특지 의문문 등의 의문문 말미에 자주 쓰여 의문의 어감를 나타낸다. 그래서 '呢'가 의문문을 만들어 주는 것처럼 보이나, 사실은 '呢'가 쓰인 의문문은 '呢'가 없어도 이미 의문문임에는 변함이 없다. 예를 보자.

为什么呢？(Weishénme ne？왜 그런데요?)

你到底来不来呢？(Nǐ dàodǐ lái bù lái ne？당신은 도대체 옵니까, 안 옵니까?)

你的学校在哪儿呢？(Nǐ de xuéxiào zài nǎr ne？당신의 학교는 어디에 있습니까?)

你骑车去呢，还是坐车去呢？(Nǐ qíchē qù ne，háishì zuòchē qù ne？
당신은 자전거를 타고 갑니까, 아니면 차를 타고 갑니까?)

위 예문들은 모두 '呢'가 없어도 의문문을 이룰 수 있다. 다만, '呢'를 씀으로써 반문이나 확인 등의 의문의 어감을 더하고 있음을 알 수 있다.

5. 연습문제

1) 교체 연습

到北大正门，停一下!
Dào Běidà zhèngmén，tíng yīxià!
베이징 대학 정문에 도착하거든 세워주세요!

보기 : 到路口儿(dào lùkǒur, 길모퉁이에 이르다)
到前面(dào qiánmiàn, 앞쪽에 이르다)
靠边(kàobiān, 길 옆에)
过红绿灯(guò hónglǜdēng, 신호등 지나서)

2) 교체 연습

请到中关村，好吗？
Qǐng dào Zhōngguāncūn，hǎo ma？
중관춘 갑니까?

보기 : 靠边停一下。(Kào biān tíng yīxià。옆쪽에 세워 주세요.)
请你告诉我一下。(Qǐng nǐ gàosu wǒ yīxià。말씀 좀 해 주세요.)
请你帮我解释一下。(Qǐng nǐ bāng wǒ jiěshì yīxià。설명 좀 해 주세요.)
到路口儿停一下。(Dào lùkǒur tíng yīxià。길 입구에서 좀 세워 주세요.)
稍微等一下。(Shāowēi děng yīxià。잠깐만 기다리십시오.)

3) 아래의 중국 노래를 배워서 불러보시오.

夜来香
yè lái xīang
야래향

등려군 노래

那南风吹来清凉, 那夜莺啼声凄怆
Nà nánfēng chuīlái qīngliáng, nà yèyīng tíshēng qīchuàng。
남풍 불어와 서늘하고, 나이팅게일 울음 소리 처량하다.

月下的花儿都入梦, 只有那夜来香,
Yuèxià di huār dōu rù mèng, zhǐ yǒu nà yè lái xīang。
달빛에 꽃들은 잠들고, 야래향만 홀로

吐露着芬芳。
Tǔ lù zhe fēn fāng。
향기를 토해내네.

我爱这夜色茫茫, 也爱这夜莺歌唱。
Wǒ ài zhè yè sè mángmáng, yě ài zhè yèyīng gē chàng
나는 이 망망한 밤 기운을 좋아하고, 나이팅게일 노래를 또한 좋아하네.

更爱那花一般的梦, 拥抱着夜来香, 吻着夜来香.
Gèng ài nà huā yī bān di mèng, yōng bào zhe yè lái xīang, wěn zhe yè lái xīang.
더욱 좋아하는 것은 야래향을 안고서 야래향을 맡는 그 꽃같은 꿈이지.

夜来香。我为你歌唱。
Yè lái xīang。Wǒ wèi nǐ gē chàng。
야래향. 난 너를 위해 노래하네.

夜来香。我为你思量。啊…
Yè lái xīang。Wǒ wèi nǐ sī liang。ā …
야래향. 난 너를 그리워하네.

我为你歌唱。我为你思量。
Wǒ wèi nǐ gē chàng。Wǒ wèi nǐ sī liang。
난 너를 위해 노래하고, 난 너를 그리워하네.

속어 한마디

活到老, 学到老。Huódào lǎo, xuédào lǎo。: 글은 늙어 죽을 때까지 배워야 한다.

a guide chinese

第 10 課

/쇼/핑/

1. 본 문

1 A：你要买什么？

Nǐ yào mǎi shénme？

B：我要买水果。

Wǒ yào mǎi shuǐguǒ。

A：要哪种水果？

Yào nǎ zhǒng shuǐguǒ？

B：我要苹果，一斤多少钱？

Wǒ yào píngguǒ，yī jīn duōshao qián？

A：两块钱。

Liǎng kuài qián。

B：能不能便宜一点儿？
Néng bu néng piányi yīdiǎnr？

A：一块五，行吗？
Yī kuài wǔ，xíng ma?

B：行，我要五斤。一共多少钱？
Xíng，wǒ yào wǔ jīn。yī gòng duōshao qián？

A：七块五毛钱。
Qī kuài wǔ máo qián。

2 A：你要什么？
Nǐ yào shénme？

B：我要笔记本，这种多少钱？
Wǒ yào bǐjìběn，zhè zhǒng duōshao qián？

A：一本三块五。
Yī běn sān kuài wǔ。

B：那种呢？
Nà zhǒng ne？

A：五块钱。
Wǔ kuài qián。

B：给我两本五块的。
Gěi wǒ liǎng běn wǔ kuài de。

A：还要别的吗？
Hái yào bié de ma？

B：不要了。
Bù yào le。

3 A：这儿卖西装吗？
Zhèr mài xīzhuāng ma？

B：这儿不卖。
Zhèr bù mài。

A：您能告诉我到哪儿能买到西装吗？
Nín néng gàosu wǒ dào nǎr néng mǎi dào xīzhuāng ma？

B：对面还有一家商店，你可以到那儿看看。

Duìmiàn hái yǒu yī jiā shāngdiàn，nǐ kěyi dào nàr kànkan。

A：请问，这是多少钱的？

Qǐngwèn，zhè shì duōshao qián de？

B：三千块钱。

Sān qiān kuài qián。

A：太贵了，我买不起了。请给我看别的，好吗？

Tài guì le，wǒ mǎibuqǐ le。Qǐng gěi wǒ kàn bié de，hǎo ma？

B：这一套怎么样？又便宜又好。

Zhè yī tào zěnmeyàng？yòu piányi yòu hǎo。

A：可以试一下吗？

Kěyǐ shì yīxià ma？

B：可以。

Kěyǐ。

2. 새로운 단어

水果(shuǐguǒ)：과일

苹果(píngguǒ)：사과

斤(jīn)：근(도량형 단위, 一斤은 약 500g)

块(kuài)：원

钱(qián)：돈

便宜(piányi)：싸다

一点儿(yīdiǎnr)：조금, 좀

行(xíng)：그래도 됨을 표시한다

一共(yīgòng)：모두, 전부

毛(máo)：전

笔记本(bǐjìběn)：공책, 노트

本(běn)：권(양사)

别的(bié de)：다른 것

卖(mài)：팔다

西装(xīzhuāng)：양복

对面(duìmiàn)：맞은편

商店(shāngdiàn)：상점, 가게

贵(guì)：비싸다

买不起(mǎibuqǐ)：살 수 없다

套(tào)：벌(양사)

又～又(yòu～yòu)：～하기도 하고 ～하기도 하다.

质量(zhìliàng)：품질

试(shì)：시도하다, ～해보다.

3. 상용 표현

1) 쇼핑 표현

平时你在哪儿买衣服?

Píngshí nǐ zài nǎr mǎi yīfu?

평상시에 당신은 어디에서 옷을 사십니까?

在哪儿买衣服便宜?

Zài nǎr mǎi yīfu piányi?

어디에서 옷을 사는 것이 쌉니까?

在韩国买东西便宜吗?

Zài Hánguó mǎi dōngxi piányi ma?

한국에서 쇼핑하는 것은 쌉니까?

你在哪儿买礼物?

Nǐ zài nǎr mǎi lǐwù?

당신은 어디에서 선물을 사십니까?

2) 비슷한 표현

이것은 얼마입니까?

这个多少钱？(Zhège duōshao qián？)

这是多少钱的？(Zhè shì duōshao qián de？)

다른 것 좀 보여주세요.

请给我看别的!(Qǐng gěi wǒ kàn bié de!)

请给我看别的，好吗？(Qǐng gěi wǒ kàn bié de, hǎo ma?)

입어봐도 될까요?
可以试一下吗？(Kěyǐ shì yīxià ma？)
试一试，可以吗？(Shì yi shì kěyǐ ma？)

모두 얼마인가요?
一共多少钱？(Yī gòng duōshao qián？)

너무 비싸군요, 좀 싸게 해주실 수 없으신지요?
太贵了，能不能便宜点儿？(Tài guì le，néng bu néng piányi diǎnr？)
太贵了，再便宜点儿吧! (Tài guì le，zài piányi diǎnr ba!)
太贵了，便宜点儿，好吗？(Tài guì le，piányi diǎnr, hǎo ma？)

잔돈을 주세요
请给我找零钱。(Qǐng gěi wǒ zhǎo língqián。)
找钱吧。(Zhǎoqián ba。)
找钱，好吗？(Zhǎoqián, hǎo ma?)

4. 요점 및 보충설명

1) 行吗？(xíng ma? 됩니까?)

여기에서 '行'은 '그렇게 해도 된다'의 의미를 나타내며, 대답으로는 '行，好，成' 등이 모두 올 수 있다.

2) '又~又~'

'又～又～'구조는 자주 두 항의 특징이나 활동을 연결하여 '～하기도 하고, ～하기도 하다.'란 의미를 표시한다.

예：又便宜又好。(Yòu piányi yòu hǎo。값도 싸고, 좋기도 하다)

3) 형용사+‘(一)点儿’

‘点儿’은 양사로서 앞에 오는 수사가 ‘一’로 제한되고, 문두에 쓰였을 경우가 아니면 ‘一’는 생략이 가능하다. 전체 ‘(一)点儿’은 ‘조금’이란 의미의 정해져 있지 않은 수량을 나타낸다.

예 : 能不能便宜一点儿？(좀 싸게 해 주실 수 없습니까?)

4) 가능 보어 구조 ‘买不起’

‘동사(~)+不/得+보어’의 형태로 ‘~할 수 없다/~할 수 있다’와 같이 부정과 긍정의 가능 의미를 표시하는 것을 가능 보어라고 한다. 전형적인 가능 보어는 결과 보어 구조인 ‘동사+보어’ 사이에 ‘不’나 ‘得’를 넣어서 만든다. 예를 들면, ‘写完’(xiěwán, 다 쓰다)은 결과 보어이고, 여기에 ‘不’를 넣은 ‘写不完’은 ‘다 쓸 수 없다’란 의미의 부정 가능의 표현이 되며, ‘得’를 넣은 ‘写得完’은 ‘다 쓸 수 있다’란 의미의 긍정 가능의 표현이 된다. 그러나 표준 중국어에서 ‘동사+不/得+보어’에서 ‘不’나 ‘得’를 뺀, ‘동사+보어’ 형태가 항상 존재하는 것은 아니다. 예를 들면, ‘买不起’에서 ‘不’가 없이 ‘买起’라고는 말하지 않고, 제9과에서 보이는 ‘走不了’도 ‘不’ 없이 ‘走了(zǒuliǎo)’라고는 말하지 않는다.

5. 연습문제

1) 주어진 보기를 참고하여 ‘又~又~’ 구문을 연습해 봅시다.

这支笔又____，又____。	便宜	好用
他们做得又____，又____。	快	好看
我又____，又____，拿不定主意。	想去	不想去
他们的话又____，又____，听不清楚。	小	快

2) 주어진 보기를 참고하여, '一点儿' 응용연습을 해봅시다.

<u>便宜</u>(一)点儿吧! (Piányi yīdiǎnr ba! 좀 싸게 해주세요.)

보기 : 多吃, 再来, 再加, 大声, 小声, 安静, 买

3) 다음 곡을 읽고 불러 봅시다.

<童年>
罗大佑

<tóngnián> Luó dàyòu

池塘边的榕树上　知了在声声叫着夏天
chítángbiān di róngshùshàng　zhīliǎo zài shēngshēng jiàozhe xiàtiān
操场边的秋千上　只有蝴蝶停在上面
cāochǎngbiān di qīuqiānshàng　zhǐyǒu húdié tíngzài shàngmiàn
黑板上老师的粉笔　还在拼命叽叽喳喳写个不停
hēibǎnshàng lǎoshī di fěnbǐ　háizài pīnmìng jījīzhāzhā xiě ge bùtíng
等待着下课　等待着放学　等待游戏的童年
děngdàizhe xiàkè　děngdàizhe fàngxué děngdài yóuxì di tóngnián

福利社里面什么都有　就是口袋里没有半毛钱
fúlìshè lǐmiàn shénmė dōu yǒu　jiùshì kǒudàilǐ méiyǒu bànmáo qián
诸葛四郎和魔鬼党　到底谁抢到那支宝剑
zhūgé sìláng hé móguǐdǎng　dàodǐ shéi qiǎngdào nà zhī bǎojiàn
隔壁班的那个女孩　怎么还没经过我的窗前
gébì bān di nà gè nǚhái　zěnmė háiméi jīngguò wǒ di chuāngqián
嘴里的零食　手里的漫画　心里初恋的童年
zuǐlǐ di língshí shǒulǐ di mànhuà　xīnlǐ chūliàn di tóngnián

总是要等到睡觉前　才知道功课只作了一点点

zǒngshì yào děngdào shuìjiào qiàn cái zhīdào gōngkè zhǐ zuòliào yī diǎndiǎn
总是要等到考试以后 才知道该念的书都没有念
zǒngshì yào děngdào kǎoshì yǐhòu cái zhīdào gāiniàn di shū dōu méiyǒu niàn
一寸光阴一寸金 老师说过寸金难买寸光阴
yīcùn guāngyīn yīcùn jīn lǎoshī shuōguò cùnjīn nán mǎi cùn guāngyīn
一天又一天 一年又一年 迷迷糊糊的童年
yītiān yòu yītiān yīnián yòu yīnián mímíhúhú di tóngnián

没有人知道为什么 太阳总下到山的那一边
méiyǒu rén zhīdào wèishénmė tàiyáng zǒng xiàdào shān di nà yībiān
没有人能够告诉我 山里面有没有住着神仙
méiyǒu rén nénggòu gàosù wǒ shān lǐmiàn yǒu méiyǒu zhùzhe shénxiān
多少的日子里 总是一个人面对着天空发呆
duōshǎo di rìzi lǐ zǒngshì yīgè rén miànduìzhe tiānkōng fādāi
就这么好奇 就这么幻想 这么孤单的童年
jiù zhèmė hàoqí jiù zhèmė huànxiǎng zhèmė gūdān di tóngnián

阳光下蜻蜓飞过来 一片片绿油油的稻田
yángguāngxià qīngtíng fēiguòlái yīpiànpiàn lǜyóuyóu di dàotián
水彩蜡笔和万花筒 画不出天边那一条彩虹
shuǐcǎilàbǐ hé wànhuātǒng huàbùchū tiānbiān nà yītiáo cǎihóng
什么时候才能像高年级的同学有张成熟与长大的脸
shénmė shíhòu cái néng xiàng gāo niánjí di tóngxué yǒu zhāng chéngshú yǔ zhǎngdà di liǎn
盼望着假期 盼望着明天 盼望长大的童年
pànwàngzhe jiàqī pànwàngzhe míngtiān pànwàng zhǎngdà di tóngnián
一天又一天 一年又一年 盼望长大的童年
yītiān yòu yītiān yīnián yòu yīnián pànwàng zhǎngdà di tóngnián

속어 한마디

贪小失大。Tān xiǎo shī dà。: 작은 것을 탐내다가 큰 것을 잃는다.

a guide chinese

第 11 課

1. 본 문

1 출입국 심사

A：你来中国的目的是什么？

Nǐ lái Zhōngguó de mùdì shì shénme?

B：我是来旅游的。

Wǒ shì lái lǚyóu de。

A：你打算停留多长时间？

Nǐ dǎsuàn tíngliú duōcháng shíjiān?

B：我打算停留一个月。

Wǒ dǎsuàn tíngliú yī ge yuè。

2 환전

A：请问，在哪儿兑换外币？

Qǐngwèn，zài nǎr duìhuàn wàibì?

B：在中国银行。

Zài Zhōngguó Yínháng。

A：我想把美元换成人民币。

Wǒ xiǎng bǎ měiyuán huànchéng rénmínbì。

B：换多少？

Huàn duōshǎo？

A：一千美元。

Yīqiān měiyuán。

B：请您先填一张兑换单。

Qǐng nín xiān tián yīzhāng duìhuàndān。

A：给您兑换单，请您看一下。

Gěi nín duìhuàndān，qǐng nín kàn yīxià。

B：好了，请您稍微等一下。

Hǎo le，qǐng nín shāowēi děng yīxià。

3 음식점에서

A：你们两位吃点什么？

Nǐmen liǎngwèi chī diǎn shénme？

B：我要一盘宫保鸡丁。

Wǒ yào yīpán Gōngbǎojīdīng。

C：我要一个香菇油菜。

Wǒ yào yīge Xīanggūyóucài。

A：还要什么吗？

Hái yào shénme ma？

B：再来一个鱼香肉丝。

Zài lái yīge Yúxīangròusī。

A：喝点儿什么吗？

Hē diǎnr shénme ma？

B：来两瓶啤酒。

Lái liǎngpíng píjiǔ。

2. 새로운 낱말

目的(mùdì) : 목적
旅游(lǚyóu) : 여행
打算(dǎsuàn) : ～할 생각이다
停留(tíngliú) : 머물다
时间(shíjiān) : 시간
兑换(duìhuàn) : 교환
外币(wàibì) : 외화
银行(yínháng) : 은행
把(bǎ) : "～을"의 의미를 가지는 전치사
美元(měiyuán) : 달러
换(huàn) : 교환하다
成(chéng) : ～이 되다
人民币(rénmínbì) : 인민폐, 중국 화폐를 말한다.
想(xiǎng) : ～라고 생각하다
多少(duōshao) : 의문을 표시하는 대(명)사 얼마, 몇
千(qiān) : 천
先(xiān) : 우선
填(tián) : 적다
张(zhāng) : 양사〔종이 등을 세는 단위〕
兑换单(duìhuàndān) : 환전신청서
稍微(shāowēi) : 조금
等(děng) : 기다리다
位(wèi) : 분, 사람을 세는 양사
一盘(yīpán) : 한 접시〔수량구〕
宫保鸡丁(Gōngbǎojīdīng) : 꿍바오지딩, 음식명
香菇油菜(Xīanggūyóucaì) : 샹구요우차이, 음식명
鱼香肉丝(Yúxīangròusī) : 위샹로우쓰, 음식명
喝(hē) : 마시다

瓶(píng)：양사, 병
啤酒(píjiǔ)：맥주

3. 상용표현

1) 비슷한 표현

나는 한달 간 머물 예정입니다.
我打算停留一个月。(Wǒ dǎsuàn tíngliú yīge yuè。)
大概一个月左右。(Dàgài yīge yuè zuǒyòu。)

환전은 어디에서 합니까?
在哪儿换钱? (Zài nǎr huàn qián?)
到哪儿可以换钱呢？(Dào nǎr kěyǐ huànqián ne？)

환전해 주십시오.
请给我换钱! (Qǐng gěi wǒ huànqián!)
我要换钱。(Wǒ yào huànqián。)

화장실은 어디에 있습니까?
洗手间在哪儿? (Xǐshǒujiān zài nǎr?)
请问，厕所在哪儿？(Qǐngwèn，cèsuǒ zài nǎr？)

우선 메뉴 먼저 봅시다.
先拿菜谱来看一下。(Xiān ná càipǔ lái kàn yīxià。)
先看看菜单，好吗？(Xiān kànkàn càidān，hǎo ma？)

이 집에는 무슨 요리가 맛있습니까?
你们这里什么菜好吃？(Nǐmen zhèli shénme cài hǎochī？)
这儿的拿手菜是什么？(Zhèr de náshǒucài shì shénme？)

이 요리로 주세요

请给我这个菜!(Qǐng gěi wǒ zhè ge cài!)
我要这个菜。(Wǒ yào zhè ge cài。)
来这个菜。(Lái zhè ge cài。)

저것과 같은 것으로 주세요
请给我跟那个一样的菜!(Qǐng gěi wǒ gēn nà ge yīyàng de cài!)
我要跟那个一样的菜。(Wǒ yào gēn nà ge yīyàng de cài。)

물 한잔 갖다주세요
请给我一杯水，好吗？(Qǐng gěi wǒ yī bēi shuǐ，hǎo ma？)
请拿来一杯水，好吗？(Qǐng nálai yī bēi shuǐ，hǎo ma？)
来一杯水，好吗？(Lái yī bēi shuǐ，hǎo ma？)

하루에 얼마입니까?
一天房价是多少？(Yī tiān fángjià shì duōshao？)
多少钱一天？(Duōshao qián yī tiān？)
一天多少钱呢？(Yī tiān duōshao qián ne？)

여기 계산 하지죠.
这里结帐吧!(Zhèli jiézhàng ba!)

룸을 예약하고 싶습니다.
我要订房。(Wǒ yào dìng fáng。)

아침은 몇시에 먹습니까?
早餐几点吃呢？(Zǎocān jǐdiǎn chī ne？)
几点用早餐呢？(Jǐdiǎn yòng zǎocān ne？)

내일 7시에 깨워주세요
明天七点叫我一下!(Míngtiān qīdiǎn jiào wǒ yīxià!)
明天七点可以叫我一下吗？(Míngtiān qīdiǎn kěyǐ jiào wǒ yīxià ma？)

2) 긴급 상황시 상용 표현

나는 배가 아프다.

我肚子疼。(Wǒ dùzi téng。)

의사를 불러주세요

请帮我叫医生!(Qǐng bāng wǒ jiào yīshēng!)

请帮我叫医生，好吗？(Qǐng bāng wǒ jiào yīshēng, hǎo ma？)

가까운 병원에 데려다 주세요

请把我送到附近的医院。(Qǐng bǎ wǒ sòngdào fùjìn de yīyuàn。)

나는 여권을 잃어버렸습니다.

我把护照弄丢了。(Wǒ bǎ hùzhào nòng diū le。)

护照弄丢了。(Hùzhào nòng diū le。)

지갑을 도둑맞았습니다.

钱包被偷了。(Qiánbāo bèi tōu le。)

경찰에 연락해주세요

请叫警察。(Qǐng jiào jǐngchá。)

请帮我叫警察，好吗？(Qǐng bāng wǒ jiào jǐngchá，hǎo ma？)

경찰에 알리겠다.

我要报警。(Wǒ yào bào jǐng。)

我要报警了。(Wǒ yào bào jǐng le。)

한국 대사관에 데려다 주세요

请把我送到韩国大使馆! (Qǐng bǎ wǒ sòngdào Hánguó Dàshǐguǎn!)

请把我送到韩国大使馆，好吗?(Qǐng bǎ wǒ sòngdào Hánguó Dàshǐguǎn, hǎo ma？)

4. 요점 및 보충설명

1) 동사의 중첩

일부 동사는 중첩하여 사용할 수 있다. 단음절의 경우 '看看'처럼 'AA'형태로 쓰인다. 만약 동작이 아직 완성되지 않았을 경우 '看一看'처럼 'A一A'형태로도 쓰일 수 있고, 만약 동작이 이미 완성된 경우는 '看了看'처럼 'A了A'라고 말하면 된다. 쌍음절 동사의 중첩은 '参考参考' 'ABAB' 형태를 취하고, 중간에는 '一'을 쓰지 않는다.

동사를 중첩했을 때는 시간의 짧음이나 횟수의 적음을 표시할 수 있다.

예 : 他笑了笑，没有说话。(Tā xiào le xiào, méi yǒu shuō huà。 그는 웃기만 할 뿐 말을 하지 않았다.)

동사의 중첩은 또한 '~을 해보다'라는 의미를 나타내기도 한다.

예 : 我用用这支笔，看看怎么样。(Wǒ yòngyòng zhè zhī bǐ, kànkàn zěnmeyàng。 나는 이 연필을 써보고, 어떤지 보겠다.)

2) 조사 '的'

조사 '的'는 '是'자와 호응하여 문장의 끝에 자주 쓰이며, "你是干什么的？"처럼 사람, 목적 등의 의미를 표현할 수도 있고, 때로는 "您是什么时候到的？"와 같이 행위가 이미 완성되었음을 표시하기도 한다.

3) '把'자문

'把'자문은 동사 술어문의 일종으로 '把(전치사)＋목적어'가 술어동사 앞에 쓰여서 부사어의 역할을 하는 것을 말한다. 예 : 我想把美元换成人民币。(Wǒ xiǎng bǎ měiyuán huànchéng rénmínbì。 나는 달러를 인민폐로 바꾸고자 합니다.) 여기에서 전치사의 목적어 '美元'과 동사 '换'은 의미상 동사와 목적어의 관계를 이루고 있다.

4) 이중 목적어

아래 예문처럼 간접·직접 두 개의 목적어를 가지는 구문을 이중 목적어구문이라 한다. '给'(gěi, 주다)동사가 이중목적어를 가지는 전형적인 동사이다. 우리말로는 '~에게 ~을 주다'의 의미이다.

예 : 请给我一杯水，好吗？(Qǐng gěi wǒ yī bēi shuǐ, hǎo ma? 나에게 물 한 잔을 주시겠습니까?)

我给你兑换单。(Wǒ gěi nǐ duìhuàndān。당신에게 환전 신청서를 드립니다.)

5) '가져오다'란 의미의 '来'

'来'는 그 쓰임이 매우 폭넓은 동사이다. "来一个鱼香肉丝。", "来两瓶啤酒。"에서는 '가져오다'로 이해하면 될 것이다.

5. 연습문제

1) 교체 연습

你来中国的目的是什么？

→ 我是来 ______ 的。(Wǒ shì lái ______ de。)

보기 : 旅游(lǚyóu 여행)

出差(chūchāi 출장)

参加学术活动(cānjiā xuéshù huódòng 학술 활동 참가)

探亲(tànqīn 친척 방문)

调查市场(diàochá shìchǎng 시장 조사)

2) 이중 목적어문 연습

请给我 ______，好吗？(Qǐng gěi wǒ ______，hǎoma?

보기 : 这个菜(zhè ge cài 이 요리)
一杯水(yī bēi shuǐ 물 한 잔)
一张餐巾纸(yī zhāng cānjīnzhǐ 종이 냅킨 한 장)
这本书(zhè běn shū 이 책)
那件衣服(nà jiàn yīfu 저 옷)
兑换单(duìhuàndān 환전 신청서)

3) 다음 곡을 읽고 불러 봅시다.

<两只胡蝶> 庞龙 <liǎng zhǐ húdié> Páng lóng

亲爱的 你慢慢飞
qīnài de nǐ mànmàn fēi
小心前面带刺的玫瑰
xiǎoxīn qiánmiàn dàicì dė méiguī
亲爱的 你张张嘴
qīnài de nǐ zhāngzhāng zuǐ
风中花香会让你沉醉
fēngzhōng huāxīang huì ràng nǐ chénzuì
亲爱的 你跟我飞
qīnài de nǐ gēnwǒ fēi
穿过丛林去看小溪水
chuānguò cónglín qù kàn xiǎo xīshuǐ
亲爱的 来跳个舞
qīnài de lái tiào gè wǔ
爱的春天不会有天黑

ài de chūntiān bùhuì yǒu tiān hēi
我和你缠缠绵绵翩翩飞
wǒ hé nǐ chánchán miánmián piānpiān fēi
飞跃这红尘 永相随
fēiyuè zhè hóngchén yǒng xiāngsuí
追逐你一生
zhuīzhú nǐ yīshēng
爱恋我千回
àiliàn wǒ qiānhuí
不辜负我的柔情 你的美
bù gūfù wǒ de róuqíng nǐ de měi
我和你缠缠绵绵翩翩飞
wǒ hé nǐ chánchán miánmián piānpiān fēi
飞跃这红尘 永相随
fēiyuè zhè hóngchén yǒng xiāngsuí
等到秋风尽 秋叶落成堆
děngdào qīufēng jìn qīuyè luòchéng duī
能陪你一起枯萎 也无悔
néngpéi nǐ yīqǐ kūwěi yě wúhuǐ

속어 한마디

说曹操，曹操就到。Shuō Cáocāo, Cáocāo jiù dào。: 호랑이도 제 말 하면 온다.

a guide chinese

第 12 課 /월/드/컵/

1. 본 문

1 A : 今天晚上的足球比赛，你看吗？

Jīntiān wǎnshang de zúqiú bǐsài，nǐ kàn ma？

B : 有什么比赛？

Yǒu shénme bǐsài？

A : 由韩国和日本合办世界杯的四强赛啊!

Yóu Hánguó hé Rìběn hébàn Shìjièbēi de sìqiángsài a!

B : 晚上几点播呢？

Wǎnshang jǐ diǎn bō ne？

A：7点半。

Qī diǎn bàn。

B：好，一起看吧!

Hǎo，yīqǐ kàn ba!

2 A：穿红运动衣的是哪个队?

Chuān hóng yùndòngyī de shì nǎ ge duì?

B：韩国队。

Hánguó duì。

A：穿白运动衣的呢?

Chuān bái yùndòngyī de ne?

B：德国队。

Déguó duì。

A：你猜猜哪个队会赢?

Nǐ cāicāi nǎ ge duì huì yíng?

B：不管困难多大，韩国队会赢的。

Bùguǎn kùnnán duōdà, Hánguóduì huì yíng de。

A：你认为两队的水平怎么样?

Nǐ rènwéi liǎngduì de shuǐpíng zěnmeyàng?

B：德国队比韩国队强。

Déguóduì bǐ Hánguóduì qiáng。

A：我不同意。韩国队进步比德国队快。

wǒ bù tóngyì。Hánguóduì jìnbù bǐ Déguóduì kuài。

B：我看德国队个人技术更好啊。

Wǒ kàn Déguóduì gèrén jìshù gèng hǎo a。

A：德国队虽然技术好, 但是集体配合比较差。

Déguóduì suīrán jìshù hǎo, dànshì jítǐ pèihé bǐjiào chà。

B：别争论了, 先看比赛吧!

Bié zhēnglùn le, xiān kàn bǐsài ba!

A：韩国队11号带球过人, 抬脚射门。喔! 进了!

Hánguóduì shíyī hào dàiqiú guòrén, táijiǎo shèmén。ō! jìn le!

B：哎哟！我的脚可不是足球。

Āiyō! wǒ de jiǎo kě búshì zúqiú。

2. 새로나온 단어

比赛(bǐsài)： 경기, 게임
播(bō)： 방송하다
合办(hébàn)： 공동 개최
世界杯(Shìjièbēi)： 월드컵
足球(zúqiú)： 축구
穿(chuān)： 입다
红(hóng)： 빨간
运动衣(yùndòngyī)： 체육복
队(duì)： 팀
白(bái)： 하얀
猜(cāi)： 추측하다
赢(yíng)： 이기다
不管(bùguǎn)： ～에 관계없이
水平(shuǐpíng)： 실력
同意(tóngyì)： 동의하다
进步(jìnbù)： 진보하다
快(kuài)： 빠른
技术(jìshù)： 기술
虽然～但是～(suīrán～dànshì～)： 비록～그러나～
集体(jítǐ)： 단체
配合(pèihé)： 팀웍
比较(bǐjiào)： 비교적
差(chà)： 못하다, 모자라다
别(bié)： ～하지 마라
争论(zhēnglùn)： 싸우다

过人(guòrén)： 사람을 제끼다
抬(tái)： 들다
脚(jiǎo)： 발
喔(ō)： 감탄사
哎哟(āiyō)： 감탄사

3. 축구 관련 상용어

输球(shūqiú)： 경기에 지다
平局(píngjú)： 비기다
声援(shēngyuán)： 응원하다
热身赛(rèshēnsài)： 예비 시합
友谊赛(yǒuyìsài)： 친선 게임
主教练(zhǔjiàoliàn)： 감독
希丁克(Xīdīngkè)： 히딩크
选手(xuǎnshǒu)： 선수
守门员(shǒuményuán)： 골키퍼
门将(ménjiàng)： 골키퍼
后卫(hòuwèi)： 풀백
前锋(qiánfēng)： 포워드
中场队员(zhōngchǎng duìyuán)： 미드필더
球迷(qiúmí)： 팬
拉拉队(lālāduì)： 응원단
红魔(hóngmó)： 붉은 악마
观众(guānzhòng)： 관중
射门(shèmén)： 슛
进球(jìnqiú)： 골인
带球(dàiqiú)： 드리블
顶球(dǐngqiú)： 헤딩
头球(tóuqiú)： 헤딩
头传球(tóu chuán qiú)： 헤딩패스
阻截铲球(zǔjié chǎnqiú)： 태클
传球(chuánqiú)： 패스

手球(shǒuqiú) : 핸드링
越位(yuèwèi) : 오프사이드
角球(jiǎoqiú) : 코너킥
任意球(rènyìqiú) : 프리킥
倒钩踢球(dàogōu tīqiú) : 오버헤드킥
界外球(jièwàiqiú) : 드로인
点球(diǎnqiú) : 페널티 킥
犯规(fànguī) : 반칙
黄牌(huángpái) : 엘로우 카드
金球(jīnqiú) : 골든 볼
死亡小组(sǐwáng xiǎozǔ) : 죽음의 조
最佳球员(zuìjiāqiúyuán) : MVP 선수

4. 요점 및 보충설명

1) 晚上几点播呢?

의문문 끝에 쓰인 '呢'는 의문문을 만드는 기능을 하는 것이 아니라, 확인이나 반문의 어감을 더해 주는 기능을 하고 있다. 예 : 晚上几点播呢? (Wǎnshang jǐ diǎn bō ne ? 저녁 몇 시에 중계하는데요?)

2) 虽然~, 但是(비록~, 그러나~)

德国队虽然技术好, 但是集体配合比较差。(Déguóduì suīrán jìshù hǎo, dànshì jítǐ pèihé bǐjiào chà。독일팀은 비록 기술은 좋지만, 전체적인 팀웍에서는 비교적 모자라다.)

3) '不管'

'不管'은 연사로써, 뒤에 '也'·'都' 등의 부사와 자주 호응해서 '不管～也(都)'구조를 이루며 구어에 많이 쓰인다.

예 : 不管困难多大，韩国队也会赢的。

Bùguǎn kùnnán duōdà, Hánguóduì yě huì yíng de。

어려움이 얼마나 클지언정, 한국팀이 승리할 것이다.

5. 연습문제

1) 주어진 보기를 참고하여 '比'자문 연습을 해봅시다.

德国队比韩国队 ___。--强

Déguóduì bǐ Hánguóduì qiáng。

韩国队进步比德国队 ___。--快

Hánguóduì jìnbù bǐ Déguóduì kuài。

汉城人口比北京人口 ___。--多

Hànchéng rénkǒu bǐ Běijīng rénkǒu duō。

中国比韩国 ___。--大

Zhōngguó bǐ Hánguó dà。

今年比去年 ___。--热

Jīnnián bǐ qùnián rè。

2) 1)번의 예문들을 '没有'와 '不'를 이용하여 부정문으로 바꾸고 비교하여 봅시다.

3) 다음 곡을 읽고 불러 봅시다.

<老鼠爱大米>
<lǎoshǔ ài dàmǐ>

我听见你的声音 有种特别的感觉
wǒ tīngjiàn nǐ de shēngyīn yǒu zhǒng tèbié de gǎnjué
让我不断想 不敢再忘记你
ràng wǒ bù duànxiǎng bùgǎn zài wàngjì nǐ
我记的有一个人 永远留在我心中
wǒ jì de yǒu yīgè rén yǒngyuǎn liúzài wǒ xīnzhōng
哪怕只能够这样的想你
nǎ pà zhǐ nénggòu zhèyàng de xiǎng nǐ
如果真的有一天爱情理想会实现
rúguǒ zhēnde yǒu yītiān àiqíng lǐxiǎng huì shíxiàn
我会加倍努力好好对你 永远不改变.
wǒ huì jiābèi nǔlì hǎohǎo duìnǐ yǒngyuǎn bù gǎibiàn.
不管路有多么远 一定会让它实现
bùguǎn lù yǒu duōme yuǎn yīdìng huì ràng tā shíxiàn
我会轻轻在你耳边 对你说 对你说
wǒ huì qīngqīng zài nǐ ěrbiān duìnǐ shuō duìnǐ shuō
我爱你 爱着你 就象老鼠爱大米
wǒ ài nǐ àizhe nǐ jiù xiàng lǎoshǔ ài dàmǐ
不管有多少风雨 我都会依然陪着你
bùguǎn yǒu duōshǎo fēngyǔ wǒ dōu huì yīrán péizhe nǐ
我想你 想着你 不管有多么的苦
wǒ xiǎng nǐ xiǎngzhe nǐ bùguǎn yǒu duōme de kǔ
只要能让你开心 我什么都愿意 这样爱你
zhǐyào néng ràng nǐ kāixīn wǒ shénme dōu yuànyì zhèyàng ài nǐ

我听见你的声音 有种特别的感觉

wǒ tīngjiàn nǐ de shēngyīn yǒu zhǒng tèbié de gǎnjué

让我不断想 不敢再忘记你

ràng wǒ bù duànxiǎng bùgǎn zài wàngjì nǐ

我记的有一个人 永远留在我心中

wǒ jì de yǒu yīgè rén yǒngyuǎn liúzài wǒ xīnzhōng

哪怕只能够这样的想你

nǎ pà zhǐ nénggòu zhèyàng de xiǎng nǐ

如果真的有一天爱情理想会实现

rúguǒ zhēnde yǒu yītiān àiqíng lǐxiǎng huì shíxiàn

我会加倍努力好好对你 永远不改变.

wǒ huì jiābèi nǔlì hǎohǎo duìnǐ yǒngyuǎn bù gǎibiàn.

不管路有多么远 一定会让它实现

bùguǎn lù yǒu duōme yuǎn yīdìng huì ràng tā shíxiàn

我会轻轻在你耳边 对你说 对你说

wǒ huì qīngqīng zài nǐ ěrbiān duìnǐ shuō duìnǐ shuō

我爱你 爱着你 就象老鼠爱大米

wǒ ài nǐ àizhe nǐ jiù xiàng lǎoshǔ ài dàmǐ

不管有多少风雨 我都会依然陪着你

bùguǎn yǒu duōshǎo fēngyǔ wǒ dōu huì yīrán péizhe nǐ

我想你 想着你 不管有多么的苦

wǒ xiǎng nǐ xiǎngzhe nǐ bùguǎn yǒu duōme de kǔ

只要能让你开心 我什么都愿意 这样爱你

zhǐyào néng ràng nǐ kāixīn wǒ shénme dōu yuànyì zhèyàng ài nǐ

我爱你 爱着你 就象老鼠爱大米

wǒ ài nǐ àizhe nǐ jiù xiàng lǎoshǔ ài dàmǐ

不管有多少风雨 我都会依然陪着你

bùguǎn yǒu duōshǎo fēngyǔ wǒ dōu huì yīrán péizhe nǐ

我想你 想着你 不管有多么的苦

wǒ xiǎng nǐ xiǎngzhe nǐ bùguǎn yǒu duōme de kǔ

只要能让你开心 我什么都愿意 这样爱你

zhǐyào néng ràng nǐ kāixīn wǒ shénme dōu yuànyì zhèyàng ài nǐ

我爱你 爱着你 就象老鼠爱大米

wǒ ài nǐ àizhe nǐ jiù xiàng lǎoshǔ ài dàmǐ

不管有多少风雨 我都会依然陪着你

bùguǎn yǒu duōshǎo fēngyǔ wǒ dōu huì yīràn péizhe nǐ

我想你 想着你 不管有多么的苦

wǒ xiǎng nǐ xiǎngzhe nǐ bùguǎn yǒu duōme de kǔ

只要能让你开心 我什么都愿意 这样爱你

zhǐyào néng ràng nǐ kāixīn wǒ shénme dōu yuànyì zhèyàng ài nǐ

속어 한마디

有志者，事竟成。Yǒu zhì zhě shì jìng chéng。뜻이 있으면 길이 있다. 뜻을 가진 사람은 끝내 일을 이룬다.

a guide chinese

第 13 課

/중/국/어/만/담/

1. 본 문

1 A : 你的汉语考了多少分儿?

Nǐ de hànyǔ kǎo le duōshao fēnr?

B : 一百分儿。

Yī bǎi fēnr。

A : 一百分儿怎么写?

Yī bǎi fēnr zěnme xiě?

B : 一竖加两个圈儿。

Yī shù jiā liǎng gè quānr。

A : 一竖加一个圈儿, 是多少分儿?

yī shù jiā yī ge quānr, shì duōshao fēnr?

B：那是10分儿。

Nà shì shí fēnr。

A：一竖加三个圈儿是多少？

Yī shù jiā sāngè quānr shì duōshao?

B：那是一千。

Nà shì yī qiān。

A：四个圈儿，一竖从中间穿过去呢？

Sìgè quānr, yī shù cóng zhōngjiān chuān guòqù ne?

B：那是---不知道。

Nà shì---bù zhīdào。

A：那是---糖葫芦。

Nà shì---tánghúlu。

B：哈哈哈！

Hā hā hā!

2 A：你读过『四书』了吗?

Nǐ dúguo『Sìshū』le ma?

B：我读过『论语』、『孟子』、『大学』、『中庸』。

Wǒ dúguo『Lúnyǔ』、『Mèngzǐ』、『Dàxué』、『Zhōngyōng』。

A：『四书』有多重?

『Sìshū』yǒu duō zhòng?

B：这---不知道。

Zhè---bù zhīdào。

A：告诉你，五斤重。

Gàosù nǐ, wǔ jīn zhòng。

B：你怎么知道?

Nǐ zěnme zhīdào?

A：不是说"四书五斤"吗?

Búshì shuō "Sìshū Wǔjīn" ma?

B : 那是'四书五经'!

Nà shì 'Sìshū Wǔjīng'!

2. 새로나온 단어

考(kǎo) : 시험치다
分儿(fēnr) : 점수
竖(shù) : 세우다
加(jiā) : 더하다
圈儿(quānr) : 동그라미
多少(duōshǎo) : 얼마
从(cóng) : ~으로부터
中间(zhōngjiān) : 가운데
穿(chuān) : 통과하다
过去(guòqù) : 지나가다
知道(zhīdào) : 알다
糖葫芦(tánghúlu) : 꼬치
哈哈哈!(hā hā hā!) : 의성어, 웃음소리
读(dú) : 읽다
过(guo) : 동사 뒤에 놓여 과거의 경험을 나타낸다.
四书(Sìshū) : 사서
斤(jīn) : 근
五经(Wǔjīng) : 오경

3. 부탁의 표현

1) ~해 주십시오

请填。Qǐng tián。: 칸을 채워주세요.

请用。Qǐng yòng。: 드세요.

请写。Qǐng xiě。: (글자를) 써주세요.

请坐。Qǐng zuò。: 앉으세요.

请进。Qǐng jìn。: 들어오세요.

请看。Qǐng kàn。: 좀 봐주세요.

请一定来。Qǐng yídìng lái。: 꼭 좀 와주세요.

请代转达。Qǐng dài zhuǎndá。: 대신 좀 전달해주세요.

请多多指教。Qǐng duōduō zhǐjiào。: 많이 가르쳐 주십시오.

2) ~해도 될까요

请问, 我回家, 可以吗?: 실례지만 저 집에 돌아가도 되겠습니까?

Qǐngwèn, wǒ huíjiā, kěyǐ ma?

3) 죄송하지만, ~하여 주십시오.

劳驾, 帮一下忙。: 죄송하지만 좀 도와주세요.

Láojià, bāng yíxià máng。

劳驾, 让一让路。: 죄송하지만 길 좀 비켜주세요.

Láojià, ràng yi ràng lù。

4) 수고스럽겠지만, ~하여 주십시오.

麻烦你把那东西给我捎来。: 수고스럽지만 그 물건을 저에게 전해주세요.

Máfan nǐ bǎ nà dōngxi gěiwǒ shāolái。

麻烦你替我寄信。: 수고스럽지만 저를 대신하여 편지를 부쳐 주세요.

Máfan nǐ tìwǒ jìxìn。

麻烦你给我找一下。: 수고스럽지만 저에게 찾아주세요.

Máfan nǐ gěiwǒ zhǎo yíxià。

麻烦你给我办件事。: 수고스럽지만 제게 이 일을 처리해 주세요.

Máfan nǐ gěiwǒ bàn jiàn shì。

5) 부탁드리겠습니다.

这件事拜托你了。: 이 일을 당신에게 부탁드립니다.

Zhè jiàn shì bàituō nǐ le。

拜托你把这件东西带给他。: 이 물건을 그에게 전해주길 부탁드립니다.

Bàituō nǐ bǎ zhè jiàn dōngxi dàigěi tā。

4. 요점 및 보충설명

1) 과거의 경험을 나타내는 '过'

'过'는 동사 뒤에 쓰여서 과거의 경험을 나타내는 동태조사이다. 보통 '了'(le)를 동반한 표현을 자주 쓴다. 예 : 你读过『四书』了吗?(Nǐ dúguo 『Sìshū』 le ma? 당신은 『사서』를 읽으신 적이 있습니까?)

2) 동작의 완료를 나타내는 '了'

'了'는 동사 또는 형용사 뒤에 쓰여 동작 또는 변화가 이미 완료되었음을 표현하는 동태조사이다.

예 : 你的汉语考了多少分儿?(Nǐ de hànyǔ kǎo le duōshǎo fēnr? 당신은 중국어를 몇 점이나 받으셨습니까?)

주의할 점은, 부정형으로 쓰일 때는 「没有＋동사」의 형태를 취하지, 「没有＋동사＋了」로 쓰이지 않는다는 점이다.

그리고 동작의 완료에 쓰인다고 해서 '了'가 과거시제와만 연관되는 것은 아니고, 예정되거나 가정적인 동작의 완료에도 사용한다는 점이다.

예 : 你先去，我下了课就去。(Nǐ xiān qù，wǒ xià le kè jiù qù。너 먼저 가, 나는 수업이 끝나는 대로 곧 갈께.)

3) '不是说~吗?'

'不是说～吗?'(Búshì shuō ～ ma?)는 '～라고 말하지 않느냐?'란 의미를 나타낸다. 우리가 사용하기 쉽지 않는 표현이기는 하나, 읽혀두면 아주 유용하게 쓸 수 있으며 사용 빈도가 무척 높은 표현이다. 여기에 '不是说～了吗?'와 같이 '了'를 넣은 표현을 쓰면, '～라고 말하지 않았느냐?'란 표현이 된다.

5. 연습문제

1) 교체 연습

刚才，你不是说______了吗?

(Gāngcái，nǐ búshì shuō______le ma? 방금 당신_____라고 하지 않았느냐?)

보기 : 四书五经(Sìshū Wǔjīng 사서 오경)

他来(tā lái 그가 온다고)

老师叫我(lǎoshi jiào wǒ 선생님이 나를 부른다고)

他喜欢我(tā xǐhuàn wǒ 그가 나를 좋아한다고)

明天不上课(míngtiān bù shàngkè 내일 수업하지 않는다고)

他的病已经好了(tā de bìng yǐjīng hǎo le 그의 병이 이미 다 나았다고)

2) '了'와 '过'를 이용하여 빈칸을 채우시오.

(1) 这双运动鞋，我以前穿____。(Zhè shuāng yùndòngxié，wǒ yǐqián chuān __。이 운동화를 나는 이전에 신은 적이 있다.)

(2) 以前，我去____中国。(Yǐqián，wǒ qù____Zhōngguó。이전에 나는 중국에 가본 적이 있다.)

(3) 昨天我在家里喝____点啤酒。(Zuótiān wǒ zài jiālǐ hē____diǎn píjiǔ。어제 나는 집에서 맥주를 좀 마셨다.)

(4) 昨天我在书店买____一本书。(Zuótiān wǒ zài shūdiàn mǎi ___yī běn shū。어제 나는 서점에서 책을 한 권 샀다.)

(5) 我曾经去____北京。(Wǒ céngjīng qù____Běijīng。나는 일찍이 베이징에 간 적이 있다.)

3) 다음 곡을 읽고 불러 봅시다.

铃儿响叮当
líng'ér xiǎng dīng dāng 징글벨

穿过大风雪，我们坐在雪橇上。

Chuānguo dà fēngxuě，wǒmen zuò zài xuěqiāo shàng。

奔驰过田野，欢乐又歌唱。

Bēnchí guo tiányě，huānlè yòu gēchàng。

铃儿响叮当，精神多欢畅。

Líng'ér xiǎng dīngdāng，jīngshén duō huānchàng。

今晚滑雪多快乐，把滑雪歌儿唱。

Jīnwǎn huáxuě duō kuàilè，bǎ huáxuě gēr chàng。

叮叮当，叮叮当，铃儿响叮当。

Dīng dīng dāng, dīng dīng dāng，líng'ér xiǎng dīngdāng

我们滑雪多快乐，把滑雪歌儿唱。

Wǒmen huáxuě duō kuàilè，bǎ huáxuě gēr chàng。

嗨，叮叮当，叮叮当，铃儿响叮当。

Hēi, dīng dīng dāng，dīng dīng dāng, líng'ér xiǎng dīngdāng

我们滑雪多快乐，把滑雪歌儿唱。

Wǒmen huáxuě duō kuàilè，bǎ huáxuě gēr chàng。

在一两天以前，我们出外去游荡。

Zài yī liǎng tiān yǐqián，wǒmen chū wài qù yóudàng。

那位小姑娘，她坐在我身旁。

Nà wèi xiǎo gūniang，tā zuò zài wǒ shēnpáng。

马儿瘦又老，命运多灾难，

mǎ'ér shòu yòu lǎo，mìngyùn duō zāinàn

把雪橇撞进泥塘，吓得我们遭了殃。

Bǎ xuěqiāo zhuàngjìn nítáng，xià de wǒmen zāole yāng。

嗨，叮叮当，叮叮当，铃儿响叮当。

Hēi, dīng dīng dāng，dīng dīng dāng, líng'ér xiǎng dīngdāng

我们滑雪多快乐，把滑雪歌儿唱。

Wǒmen huáxuě duō kuàilè, bǎ huáxuě gēr chàng。

嗨，叮叮当，叮叮当，铃儿响叮当。

Hēi, dīng dīng dāng，dīng dīng dāng, líng'ér xiǎng dīngdāng

我们滑雪多快乐，把滑雪歌儿唱。

Wǒmen huáxuě duō kuàilè，bǎ huáxuě gēr chàng。

속어 한마디

一叶落，知天下秋。Yīyè luò, zhī tiānxià qiū。: 하나를 보면 열을 안다.

a guide chinese

第 14 課

한 학기를 마치며

1. 본 문

1 A : 你们这学期汉语课快结束了吧?

Nǐmen zhè xuéqī hànyǔkè kuài jiéshù le ba?

B : 是啊, 时间过得真快, 明天就放假了。

Shì a, shíjiān guò de zhēn kuài, míngtiān jiù fàngjià le。

A : 经过四个月的学习, 你收获不小吧?

Jīngguò sì gè yuè de xuéxí, nǐ shōuhuò bù xiǎo ba?

B : 刚学习的时候, 我什么都听不懂, 一句话都说不出来。现在不论听和说都有了进步。

Gāng xuéxí de shíhou, wǒ shénme dōu tīng bù dǒng, yījù huà doū shuō bù chūlái。Xiànzài búlùn tīng hé shuō dōu yǒule jìnbù。

A：你的汉语水平提高得真快呀！ 现在你能听懂中央电视台的节目吗?

Nǐ de hànyǔ shuǐpíng tígāo de zhēn kuài ya! Xiànzài nǐ néng tīngdǒng Zhōngyāng Diànshìtái de jiémù ma?

B：有的节目没问题，有的节目听不懂，以后我准备多听。

Yǒu de jiémù méi wèntí, yǒu de jiémù tīng bù dǒng, yǐhòu wǒ zhǔnbèi duōtīng。

A：对了，听说你们暑期要去中国进修汉语，对吗?

Duì le, tīngshuō nǐmen shǔqī yào qù Zhōngguó jìnxiū hànyǔ，duì ma?

B：对。

Duì。

A：到哪个大学学习呢?

Dào nǎgè dàxué xuéxí ne?

B：北京大学。我们结束学习课程以后，还要到苏杭去。中国有句俗话不是说"上有天堂，下有苏杭"吗?

Běijīng Dàxué。Wǒmen jiéshù xuéxí kèchéng yǐhòu, hái yào dào SūHáng qù。Zhōngguó yǒu jù súhuà bùshì shuō "shàng yǒu tiāntáng, xià yǒu SūHáng"ma?

A：那可是个好地方。我去过三次，明年我还想去一次。

Nà kěshì ge hǎo dìfang。Wǒ qùguo sāncì, míngnián wǒ hái xiǎng qù yīcì。

B：那你和我们一起去，当我们的导游吧!

Nà nǐ hé wǒmen yīqǐ qù， dāng wǒmen de dǎoyóu ba!

A：可惜我还有别的事情，不能陪你们去了。

Kěxī wǒ háiyǒu bié de shìqing, bùnéng péi nǐmen qù le。

B：真遗憾。

Zhēn yíhàn。

2 A：明天开始放假了，回家后可别忘了给老师来信。

Míngtiān kāishǐ fàngjià le, huíjiā hòu kě biéwàng le gěi lǎoshī láixìn。

B：一个学期来，我们给老师添了不少麻烦。老师对我们的热情帮助和周到的关怀，我们是不会忘记的。

Yī ge xuéqī lái, wǒmen gěi lǎoshī tiān le bùshǎo máfan。Lǎoshī duì wǒmen de rèqíng bāngzhù hé zhōudào de guānhuái, wǒmen shì búhuì wàngjì de。

A：不必客气，这是我应该做的。四个月来，有照顾不周的地方，请多包涵。

Búbì kèqi, zhè shì wǒ yīnggaī zuò de。Sì gè yuè lái, yǒu zhàogù bùzhōu de dìfang, qǐng duō baōhán。

B：我们一定经常给老师写信，老师请回吧！

Wǒmen yīdìng jīngcháng gěi lǎoshī xiěxìn, lǎoshī qǐng huí ba!

A：向你爸爸妈妈问好！

Xiàng nǐ bàbà māma wèn hǎo!

B：谢谢老师。

Xièxiè lǎoshī。

A：祝你们一路平安！

Zhù nǐmen yīlù píngān!

B：谢谢。

Xièxiè。

A：下学期再见。

Xià xuéqī zàijiàn。

B：再见。

Zàijiàn。

2. 새로나온 단어

懂(dǒng)： 알다, 이해하다

句(jù)： 문장

学期(xuéqī)： 학기

结束(jiéshù)： 마치다

放假(fàngjià)： 방학

经过(jīngguò)： 지나가다

收获(shōuhuò)： 수확하다

刚(gāng)： 방금

连(lián)： ～마저도

进步(jìnbù)： 진보하다

水平(shuǐpíng)： 실력, 수준

提高(tígāo)： 높이다

得(de)： 조사 뒤에 오는 성분이 보어임을 표시해준다.

真(zhēn)： 정말로

快(kuài)： 빠르다

中央(zhōngyāng)： 중앙

电视台(diànshìtái)： 텔레비전 방송국

广播(guǎngbō)： 방송하다

节目(jiémù)： 프로그램

准备(zhǔnbèi)： 준비하다

暑期(shǔqī)： 여름방학 기간

进修(jìnxiū)： 진수하다

苏杭(SūHáng)： 쑤저우와 항저우

当(dāng)： ～을 하다, ～을 맡다

导游(dǎoyóu) : 가이드
可惜(kěxī) : 아깝다, 애석하다
陪(péi) : 모시다
遗憾(yíhàn) : 유감이다
不必(búbì) : ~할 필요 없다
客气(kèqi) : 겸손
应该(yīnggāi) : 당연히
照顾(zhàogù) : 보살피다
包涵(baōhán) : 용서하다, 양해하다
经常(jīngcháng) : 자주
向(xiàng) : ~을 향하여
一路(yīlù) : 도중
平安(píngān) : 평안, 편안

3. 인사말 복습

1) 안녕하십니까? : 你好?(Nǐ hǎo?)
2) 안녕히 가십시오. : 再见!(Zài jiàn!)
3) 안녕히 주무십시오. : 晚安!(Wǎn ān!)
4) 처음 뵙겠습니다. : 初次见面(Chū cì jiàn miàn)
5) 뵙게 되어 반갑습니다. :
   见到你, 我很高兴(Jiàndào nǐ, wǒ hěn gāoxìng)
6) 내일 뵙겠습니다. : 明天见(Míngtiān jiàn)
7) 저는 아주 좋습니다. 당신은 요? :
   我很好, 你呢?(Wǒ hěn hǎo, nǐ ne?)
8) 좋습니다. : 我很好。(Wǒ hěn hǎo。)
9) 당신의 성함은 무엇입니까? :
   你叫什么名字?(Nǐ jiào shénme míngzì?)
10) 저는 홍길동입니다. : 我叫洪吉童。(Wǒ jiào Hóng Jítóng。)

11) 무엇을 도와드릴까요? :

有没有需要帮忙的?(Yǒu méiyǒu xūyào bāngmáng de?)

12) 대단히 감사합니다. : 多谢,多谢(Duō xiè, duō xiè)

13) 천만에요. : 不客气。(Bù kè qì。)

14) 미안합니다. : 对不起。(Duì bù qǐ。)

15) 괜찮습니다. : 没关系。(Méi guānxi。)

16) 수고하셨습니다. : 你辛苦了。(Nǐ xīnkǔ le。)

17) 용서해주십시오. : 请原谅。(Qǐng yuánliàng。)

18) 폐를 끼쳤습니다. : 麻烦你了。(Máfan nǐ le。)

19) 차 드세요. : 请喝茶。(Qǐng hēchá。)

20) 담배 피우십시오. : 请抽烟。(Qǐng chōuyān。)

21) 잠깐만 기다려 주십시오. : 请等一下。(Qǐng děng yīxià。)

22) 당신을 기다리게 해서 정말 죄송합니다. :

让你久等, 真对不起。(Ràng nǐ jiǔ děng, zhēn duì bù qǐ。)

23) 즐거운 여행이 되시길 빕니다. :

祝你旅途愉快。(Zhù nǐ lǚtú yú kuài。)

24) 죄송합니다. 저의 착오입니다. :

对不起, 是我的错误。(Duì bù qǐ, shì wǒ de cuòwù。)

25) 다시 한 번 말씀해주시겠습니까? :

请你再说一遍。(Qǐng nǐ zài shuō yī biàn。)

26) 어서 오십시오. : 欢迎光临。(Huānyíng guānglín。)

27) 몇 분이십니까? : 几位?(Jǐ wèi?)

28) 이쪽으로 오십시오. : 请这边来。(Qǐng zhèbiān lái。)

29) 어느 나라에서 오셨습니까? :

你从哪国来的?(Nǐ cóng nǎguó lái de?)

30) 당신은 처음으로 한국을 방문하십니까? :

你第一次访问韩国吗?(Nǐ dì yī cì fǎngwèn Hánguó ma?)

4. 요점 및 보충설명

1) '快~了'

곧 '~'한 상황이 발생될 확률이 많음을 표시해준다.

火车快到了。

我快五十岁了。

2) 정도 보어

동사 뒤에서 그 동사를 보충 설명해주는 성분을 보어라고 했다. 그 중에서도 동작의 달성하는 정도를 설명하는 보어를 정도 보어라고 한다. 동사와 정도 보어 사이에는 구조조사 '得'를 쓰는 경우와 쓰지 않는 두 가지 방식이 있다. 간단한 정도 보어는 일반적으로 형용사가 많고, 형용사 앞에는 정도 부사도 올 수 있다. 부정을 표시하려면 부정사 '不'를 정도 보어 앞에다 둔다. 아래 예문은 형용사 '快'가 정도 부사 '很'의 수식을 받으면서 정도 보어로 쓰인 구문이다. 예문 : "时间过得真快。(Shíjiān guò de zhēn kuài)". 예문의 우리말 번역은 쉽지가 않다. 이유는 중국어와 우리말이 구조가 각기 다르기 때문이다. 우리말에는 보어는 동사의 앞에 오고, 중국어의 보어는 동사의 뒤에 위치한다. 이 예문은 "시간이 흐름은 정말 빠르다."나 "시간은 정말 빨리 흐른다"로 번역할 수 있다.

3) 결과 보어

동사 뒤에 동사나 형용사가 와서 동사가 표시하는 동작의 결과를 나타내는 보어를 결과 보어라고 한다. '听懂'·'写完'·'说完'·'看完' 등의 구조가 곧 결과 보어 구조이다. 부정 형식은 일반적으로 '没(有)'를 이용한 '没(有)+동사+결과 보어'의 형태를 취한다. 예 : '没(有)听懂'·'没(有)写完'·'没(有)说完'·'没(有)看完'. 의문문은 정반 의문문의 형태를 취한다. 예 : '听懂没(有)听懂'·'写完没(有)写完'·'说完没(有)说完'·'看完没(有)看完'.

3) '是~的' 구문

'是~的' 구문은 말하는 사람의 태도 · 견해 · 관점 등을 나타낼 수 있다. 이때 판단 동사 '是'와 구조 조사 '的' 사이에는 조동사 '会'나 '应该' 등이 자주 같이 쓰인다.

我们是不会忘记的。Wǒmen shì búhuì wàngjì de。

우리들은 잊지 못할 것이다.

这是我应该做的。Zhè shì wǒ yīnggāi zuò de。

이것은 내가 당연히 해야할 일이다.

4) 연동문

한 개의 주어를 설명하는 술어가 두 개 혹은 두 개 이상의 동사나 동사 어구로 이루어진 문장을 말한다.

예 : ① 你们要去中国进修汉语吗?

Nǐmen yào qù Zhōngguó jìnxiū hànyǔ ma?

당신들은 중국어 가서 중국어를 연수하려고 합니까?)

② 我要到苏州去。

Wǒ yào dào Sūzhōu qù。

나는 쑤저우에 가려고 한다.

③ 我不能陪你们去了。

Wǒ bùnéng péi nǐmen qù le。

나는 당신들을 모시고 갈 수가 없습니다.

위 예문에는 모두가 두 개의 동작 동사를 가지고 있다. ①의 '去'와 '进修', ②의 '到'와 '去', ③의 '陪'와 '去'가 그것이다.

5) '一个学期来'

'来'는 '그 후로 계속'이란 의미로도 쓰인다.

예 : '一个学期来'(Yī ge xuéqī lái 한 학기 동안) ; '四个月来' (Sì gè yuè lái 4 개월 동안).

5. 연습문제

1) 교체 연습

快要 <u>结束</u> 了 (Kuài yào jiéshù le : 금방 끝날 것이다.)

보기 : 下雨(xiàyǔ 비가 오다)
刮风(guāfēng 바람이 불다)
发疯(fāfēng 미치다)
走(zǒu 가다)
卖完(màiwán 다 팔다)
用完(yòngwán 다 쓰다)

2) 정도 보어 사용 연습

<u>时间过</u> 得 <u>真快</u>。(시간의 흐름은 정말 빠르다. 시간은 정말 빨리 흐른다.)

보기 : 你说(말하다) 太慢(너무 느리다)
你写(쓰다) 很好(아주 좋다)
他说(말하다) 太好(너무 좋다)
我做(하다) 太差(너무 못하다)
他打(때리다) 太重(너무 세다)

3) 다음 곡을 읽고 불러 봅시다.

<恰似你的温柔> 蔡琴
<qiàsì nǐ di wēnróu> Cài qín

某年某月的某一天,
mǒunián mǒuyuè di mǒu yītiān,
就象一张破碎的脸.
jiù xiàng yīzhāng pòsuì di liǎn.
难以开口道再见,
nányǐ kāikǒu dào zàijiàn,
就让一切走远.
jiù ràng yīqiè zǒu yuǎn.
这不是件容易的事,
zhè bùshì jiàn róngyì de shì,
我们却都没有哭泣.
wǒmen quèdōu méiyǒu kūqì.
让它淡淡地来,
ràng tā dàndàndi lài,
让它好好地去.
ràng tā hǎohǎodi qù.
到如今年复一年,
dào rújīn nián fù yīnián,
我不能停止怀念.
wǒ bùnéng tíngzhǐ huáiniàn.
怀念你, 怀念从前.
huáiniàn nǐ, huáiniàn cóngqián.
但愿那海风再起,
dàn yuàn nà hǎifēng zài qǐ,

只为那浪花的手,
zhǐ wèi nà lànghuādi shǒu,
恰似你的温柔.
qiàsì nǐ di wēnróu.

속어 한마디

站得高, 看得远。Zhàn de gāo, kàn de yuǎn。: 높이 나는 새가 멀리 본다.

부 록

1. 감사의 표현

1) 谢谢 xièxie

谢谢你的帮助(Xièxie nǐ de bāngzhù) 도와 주셔서 감사합니다.
谢谢你的关照(Xièxie nǐ de guānzhào) 돌봐 주셔서 감사합니다.
谢谢你的光临(Xièxie nǐ de guānglín) 찾아 주셔서 감사합니다.
谢谢你的邀请(Xièxie nǐ de yāoqǐng) 초청해 주셔서 감사합니다.
谢谢你的招待(Xièxie nǐ de zhāodài) 접대해 주셔서 감사합니다.
谢谢你的关怀(Xièxie nǐ de guānhuái) 보살펴 주셔서 감사합니다.
谢谢你的合作(Xièxie nǐ de hézuò) 당신의 도움에 감사 드립니다.
谢谢你的支持(Xièxie nǐ de zhīchí) 지지해 주셔서 감사합니다.
谢谢你的安排(Xièxie nǐ de ānpái) 당신의 안배에 감사 드립니다.
谢谢你的美意(Xièxie nǐ de měiyì) 호의에 감사 드립니다.

2) 感谢 gǎnxiè

再三感谢您! Zàisān gǎnxiè nín! 재삼 고맙습니다.
非常感谢。Fēicháng gǎnxiè。매우 감사합니다.
十分感谢。Shífēn gǎnxiè。아주 고맙습니다.

2. 감사 응용의 표현

1) 선물을 받았을 때

谢谢您的珍贵礼物!

Xièxie nín de zhēnguì lǐwù!

진귀한 선물에 감사드립니다.

太让您破费了，真不好意思。

Tài ràng nín pòfèi le, zhēn bù hǎo yìsi。

너무 많은 폐를 끼쳐드려서 죄송합니다.

您太客气了，给我买这么珍贵的礼物。

Nín tài kèqi le, gěiwǒ mǎi zhème zhēnguì de lǐwù。

이런 귀중한 선물을 주시다니, 너무 정중하십니다.

对您的馈赠，谨表深切的谢意。

Duì nín de kuìzèng, jǐn biǎo shēnqiè de xièyì。

당신의 선물에 심심한 감사를 표합니다.

收到你的贵重礼物，实在不好意思。

Shōudào nǐ de guìzhòng lǐwù, shízài bù hǎo yìsi。

보내주신 귀중한 선물을 받으니, 실로 어찌할 바를 모르겠습니다.

2) 식사 초대받았을 때

谢谢你的盛情款待。

Xièxie nǐ de shèngqíng kuǎndài。

친절한 환대에 감사 드립니다.

非常感谢您的盛宴招待。

Fēicháng gǎnxiè nín de shèngyàn zhāodài。

풍성한 만찬 초대에 깊이 감사 드립니다.

谢谢您的丰盛午餐。

Xièxie nín de fēngshèng wǔcān。

풍성한 점심에 감사 드립니다.

这顿美味佳肴，使我饱享口福。

Zhè dùn měiwèi jiāyáo, shǐ wǒ bǎoxiǎng kǒufú。

이번 맛있는 요리 덕에 배부르게 잘 먹었습니다.

这桌酒菜味道好极了，真是吃得酒足饭饱。

Zhè zhuō jiǔcài wèidào hǎojí le, zhēnshì chī de jiǔzú fànbǎo。

술과 안주가 너무 맛있어서, 정말 배부르게 잘 먹고 마셨습니다.

这顿酒席太丰盛了，让您破费了。

Zhè dùn jiǔxí tài fēngshèng le, ràng nín pòfèi le。

이 술자리는 너무 풍성해서, 폐를 많이 끼쳐 드렸습니다.

谢谢您的美酒佳肴。

Xièxie nín de měijiǔ jiāyáo。

좋은 술과 안주에 감사 드립니다.

3) 친구 집에 묵었을 때

给您添麻烦了!

Gěi nín tiān máfan le!

불편을 끼쳐 드렸습니다.

给您家添乱了!

Gěi nín jiā tiān luàn le!

어지럽게 해드렸습니다.

打搅您了!

dǎjiǎo nín le!

불편하게 해 드렸습니다.

在府上搅扰几日，实在过意不去。

Zài fŭshàng jiăorăo jĭrì, shízài guò yì bu qù。

귀댁에서 며칠 폐를 끼쳐드려서, 정말 죄송합니다.

感谢您和全家人的盛情款待。

Gănxiè nín hé quán jiārén de shèngqíng kuăndài。

당신과 식구 모두의 환대에 감사 드립니다.

让您受累了!

Ràng nín shòulèi le!

피곤하게 해드렸습니다.

占用了您很多时间!

Zhànyòng le nín hĕnduō shíjiān!

시간을 많이 뺏었습니다.

感谢您对我无微不至的招待。

Gănxiè nín duìwŏ wúwēi búzhì de zhāodài。

당신의 지극한 보살핌에 감사 드립니다.

3. 답사의 표현 I

나에게 '谢谢'란 말로 고맙다고 했을 때 :

不谢(bù xiè), 哪里(nă li), 不客气(bù kè qi), 哪儿的话(năr de huà)

나에게 '对不起'(duìbùqĭ)나 '抱歉'(bàoqiàn)을 사용하여 미안하다는 표현을 하였을 때 :

没关系(méi guānxi), 不要紧(bù yàojĭn), 无所谓(wú suŏwèi), 哪儿的话(năr de huà)

나에게 듣기 좋은 말로 칭찬을 해줄 때 :

不敢当(bù găndāng), 过奖(guò jiăng), 哪儿的话(năr de huà)

4. 답사의 표현 II

太感谢您了。

Tài gǎnxiè nín le。

너무 고맙습니다.

不用谢。

Bùyòng xiè。

고마워하실 필요 없습니다.

不谢。Bù xiè。

괜찮습니다.

谢谢您的关照。

Xièxie nín de guānzhào。

당신의 보살핌에 감사 드립니다.

不必客气

Búbì kèqi。

겸손하실 필요 없습니다.

您太客气了

Nín tài kèqi le。

너무 겸손하십니다.

让您破费了。

Ràng nín pòfèi le。

폐를 끼쳐드렸습니다.

小意思。

Xiǎo yìsi。

조그만 성의일 뿐입니다.

没什么。

Méi shénme。

괜찮습니다.

略表心意。

Lüè biǎo xīnyì。

성의를 표했을 뿐입니다.

给您添麻烦了。

Gěinín tiān máfan le。

번거로움을 더해드렸습니다.

不麻烦。

Bù máfan。

번거롭지 않습니다.

感谢你的大力帮助。

Gǎnxiè nǐ de dàlì bāngzhù。

큰 협조에 감사 드립니다.

算不了什么。

Suàn bù liǎo shén me。

별것도 아닌데요, 뭘.

让你费心了。

Ràng nǐ fèixīn le。

수고롭게 해드렸습니다.

没什么。

Méi shénme。

별 것 아닙니다.

不客气。

Bú kèqi。

별 말씀을요.

对您的恩情我将终生不忘，感激不尽。

Duì nín de ēnqíng wǒ jiāng zhōngshēng búwàng，gǎnjī bújìn。

당신의 은혜를 저는 장차 평생 잊지 못할 겁니다. 이루 말할 수 없이 감사합니다.

说哪里话，言重了。

Shuō nǎli huà, yán zhòng le。

별말씀을, 과한 말씀이십니다.

您对我鼎力相助，真令我感激不尽。

Nín duì wǒ dǐnglì xiāngzhù, zhēn lìng wǒ gǎnjī bújìn。

당신의 저에 대한 큰 도움에 정말 감사 드립니다.

您太客气了，这是我应该做的。

Nín tài kèqi le, zhè shì wǒ yīnggāi zuò de。

천만의 말씀입니다. 제가 당연히 해야할 일이죠.

您送我这样珍贵的礼物，我实在不敢接受。

Nín sòng wǒ zhèyàng zhēnguì de lǐwù, wǒ shízài bùgǎn jiēshòu。

당신께서 이런 귀중한 선물을 보내주시니, 저는 정말 받을 수가 없습니다.

小意思。

Xiǎo yìsi。

조금만 성의입니다.

不成敬意。

Bùchéng jìngyì。

공경하는 마음을 다 표시하지 못할 따름입니다.

请笑纳。

Qǐng xiàonà。

웃으면서 받아 주시길 바랍니다.

您的盛情款待，我不知怎样感谢才好。

Nín de shèngqíng kuǎndài, wǒ bùzhī zěnyàng gǎnxiè cái hǎo。

당신의 성대한 환대에 저는 어떻게 감사해야 할지를 모르겠습니다.

您这么客气，我们的关系就远了。

Nín zhème kèqi, wǒmen de guānxi jiù yuǎn le。

당신께서 그렇게 겸손해 하시면, 우리들의 관계가 멀어질 겁니다.

您对我的恩情终生难忘。

nín duì wǒ de ēnqíng zhōngshēng nánwàng。

당신의 저에 대한 은혜는 평생 잊지 못할 것입니다.

不敢当，实在不敢当。

Bù gǎndāng, shízài bù gǎndāng。

천만의 말씀입니다.

5. 상용하는 사과의 표현

1) 죄송합니다. 미안합니다.

对不起，我迟到了。

Duìbuqǐ，wǒ chídào le。

늦어서 죄송합니다.

抱歉，我失约了。

Bàoqiàn，wǒ shīyuē le。

약속을 못 지켜서 죄송합니다.

过意不去，我忘了打电话给你。

Guòyì bùqù，wǒ wàng le dǎ diànhuà gěi nǐ。

당신께 전화 드리는 것을 잊어서 죄송합니다.

过意不去，答复迟了。

Guòyì bùqù，dáfù chí le。

답이 늦어서 죄송합니다.

2) 실례하겠습니다。

失陪了。Shīpéi le。

3) 폐가 많았습니다。

给你添麻烦了。Gěi nǐ tiān máfan le。

4) 용서해 주세요。

请多原谅。Qǐng duō yuánliàng。

请多谅解。Qǐng duō liàngjiě。

请多包涵。Qǐng duō baōhán。

6. 사과의 응용 표현

1) 공공장소나 버스에서(대상은 모르는 사람)

我踩您脚了，真对不起。

Wǒ cǎi nín jiǎo le, zhēn duì bu qǐ。

당신의 발을 밟아서 죄송합니다.

对不起，我认错人了。

Duì bu qǐ, wǒ rèncuò rén le。

죄송합니다. 사람을 잘못 봤습니다.

我的手提包碰您了，实在对不起。

Wǒ de shǒutíbaō pèng nín le, shízài duì bu qǐ。

저의 손가방이 당신을 쳐서 정말 죄송합니다.

我挡您路了，真对不起。

Wǒ dǎng nín lù le, zhēn duì bu qǐ。

길을 막아서 정말 죄송합니다.

2) 이웃이나 동료에게 일상 생활에서 사용하는 경우

影响您休息了，真对不起。

Yǐngxiǎng nín xiūxī le, zhēn duì bu qǐ。

쉬는데 방해를 드려 정말 죄송합니다.

让您久等了，真对不起。

Ràng nín jiǔděng le, zhēn duì bu qǐ。

오래 기다리게 해서 정말 죄송합니다.

我来迟了，对不起。

Wǒ lái chí le, duì bu qǐ。

제가 늦어서 정말 죄송합니다.

这事给您添麻烦了，真不好意思。

Zhè shì gěinín tiān máfan le, zhēn bù hǎo yìsi。

이 일로 당신에게 번거로움을 드리게 되어 정말 죄송합니다.

3) 동학, 동료, 친구간의 상용 표현

让您受累了，实在过意不去。

Ràng nín shòulèi le, shízài guò yì bù qù。

너에게 누를 끼치게 되어 정말 미안하다.

今天耽误了您很多时间，实在对不起。

Jīntiān dānwù le nín hěnduō shíjiān, shízài duì bu qǐ。

오늘 네 시간을 많이 뺏어서 정말 미안하다.

让您破费了，真不好意思。

Ràng nín pòfèi le, zhēn bù hǎo yìsi。

신경 쓰게 해서 정말 미안하다.

让您受委屈了，真有点对不住您。

Ràng nín shòu wěiqū le, zhēn yǒu diǎn duì bu zhù nín。

나 때문에 위축되게 해서 너를 볼 면목이 없다.

我做事欠周到，请多多包涵。

Wǒ zuòshì qiàn zhōudào, qǐng duōduō baōhán。

네가 하는 일이 주도면밀하지 못하니 용서해라.

现在我有急事先走，失陪了。

Xiànzài wǒ yǒu jíshì xiān zǒu, shīpéi le。

지금 나는 급한 일로 먼저 가게 되니 실례를 좀 해야겠구나.

这几天很忙，没有及时回信，请多谅解。

Zhè jǐtiān hěn máng, méi yǒu jíshí huíxìn, qǐng duō liàngjiě。

요 며칠 매우 바빠 답장을 금방 못 했으니 이해해 주기를 바란다.

我昨天开会，未能见面，很遗憾。

Wǒ zuótiān kāihuì, wèinéng jiànmiàn, hěn yíhàn。

내가 어제 회의 때문에 못 보게 되어 정말 유감이다.

这事我做错了，请多原谅。

Zhè shì wǒ zuòcuò le, qǐng duō yuánliàng。

이 일은 내가 잘못했으니 용서해 주라.

我说话没分寸，有所冒犯，请多包涵。

Wǒ shuōhuà méi fēncùn, yǒu suǒ màofàn, qǐng duō baōhán。

내가 분별 없이 말을 해서 무례한 부분에 대해서는 이해를 해 주기를 바란다.

刚才冒犯了你，请原谅。

Gāngcái màofàn le nǐ, qǐng yuánliàng。

방금 너에게 무례를 범했는데 이해해 주기를 바란다.

我们这里条件较差，招待不周，很抱歉。

Wǒmen zhèli tiáojiàn jiào chà, zhāodài bùzhōu, hěn bàoqiàn。

여기의 조건이 안 좋아서 접대가 주도면밀하지 못한 점에 사과 드립니다.

这事办得不尽人意，请诸位多批评。

Zhè shì bàn de bùjìn rényì, qǐng zhūwèi duō pīpíng。

이 일을 하는데 있어서 여의치 않는 바가 있으니, 여러분께서는 지적을 바랍니다.

这事没办好，是我的责任，特致歉意。

Zhè shì méi bànhǎo, shì wǒ de zérèn, tè zhì qiànyì。

이 일을 하는데 있어서 잘못된 점은 저에게 책임이 있으니 특별히 죄송한 말씀을 올립니다.

4) 리더, 선배에게 사용하는 경우

这件事都怪我没办好，请严厉批评。

Zhè jiàn shì dōu guài wǒ méi bànhǎo, qǐng yánlì pīpíng。

이 일은 모두 제가 일을 잘못한데 책임이 있으니, 큰 엄중한 질타를 바랍니다.

学生这次失礼了，请老师宽恕。

Xuésheng zhè cì shīlǐ le, qǐng lǎoshī kuānshù。

학생이 이번에 실례를 범했습니다. 선생님 용서해 주십시오.

我说话不慎，多有得罪，请海涵。

Wǒ shuōhuà bú shèn, duō yǒu dézuì, qǐng hǎihán。

제가 성실하지 못하게 말을 해서 많은 죄를 얻게 된 점에 대하여 너그러이 용서해 주시기를 바랍니다.

我一时疏忽铸成大错，请您饶恕。

Wǒ yìshí shūhū zhùchéng dàcuò, qǐng nín ráoshù。

저의 한번의 실수가 큰일을 불러오게 된데 대해 너그러이 용서해 주시기를 바랍니다.

我犯了错误，造成不良影响，请恕罪。

Wǒ fàn le cuòwù, zàochéng bùliáng yǐngxiǎng, qǐng shùzuì。

제가 잘못해서 안 좋은 결과를 가져오게 된 죄를 용서 바랍니다.

我性情急躁，言语有所冒犯，请您多包涵。

Wǒ xìngqíng jízào, yányǔ yǒu suǒ màofàn, qǐng nín duō bāohán。

제가 성격이 급해 무례한 말을 하게 된 점에 대해 용서를 바랍니다.

7. 상용 송축어 표현

祝你生日快乐!(Zhù nǐ shēngrì kuàilè!) 생일 축하합니다.

祝你身体健康!(Zhù nǐ shēntǐ jiànkāng!) 신체 건강하시기를 빕니다.

祝你旅途愉快!(Zhù nǐ lǚtú yúkuài!) 여행이 즐거우시기를 빕니다.

祝你新年快乐!(Zhù nǐ xīnnián kuàilè!) 즐거운 새해 되시기를 빕니다.

祝你一路平安!(Zhù nǐ yīlù píngān!) 내내 평안하시기를 빕니다.

祝你万事如意!(Zhù nǐ wànshì rúyì!) 모든 일이 뜻대로 되시기를 빕니다.

祝你学习进步!(Zhù nǐ xuéxí jìnbù!) 공부에 진보가 있으시기를 빕니다.

祝你工作顺利!(Zhù nǐ gōngzuò shùnlì!) 일이 순조롭기를 빕니다.

祝你生活幸福!(Zhù nǐ shēnghuó xìngfú!) 생활이 행복하시기를 빕니다.

祝你新婚愉快!(Zhù nǐ xīnhūn yúkuài!) 신혼이 행복하시기를 빕니다.

祝你全家幸福!(Zhù nǐ quánjiā xìngfú!) 모든 가족이 행복하시기를 빕니다.

祝你一切顺利!(Zhù nǐ yīqiè shùnlì!) 모든 일이 순조롭기를 빕니다.

望你保重身体!(Wàng nǐ bǎozhòng shēntǐ!) 몸조심하시기를 빕니다.

恭喜发财!(Gōngxǐ fācái!) 돈 많이 버십시오.

참고문헌

1. 张亚军、毛成栋,『新汉语三百句』(北京语言学院出版社, 1983)

2. 李孝忠、田士琪,『现代汉语进修教程 · 口语篇』(北京语言学院出版社, 1988)

3. 尹润芗、魏继东、董明 编,『初级汉语课本』(北京师范大学出版社, 1991)

4. 林焘、王理嘉,『语音学教程』(北京大学出版社, 1992)

5. 北京大学中文系现代汉语教研室编,『现代汉语』(北京 商务印书馆, 1992)

6. 北京外大编委会,『外国人学中国语(2)』(华语教学出版社, 2000)

7. 최영애 지음,『중국어란 무엇인가』(통나무, 2000)

8. 조성환,『기초 중국어』(서라벌대학, 2001)

저자소개

조성환

경북대학교 졸업(문학박사)
백석대 · 상명대 · 청운대 강사
62cshosh@hanmail.net

中国语入门

2003년 2월 10일 초 판 1쇄 발행
2013년 8월 25일 개정판 3쇄 발행

저 자 조 성 환
발행인 寅製 진 욱 상

발행처 백산출판사
서울시 성북구 정릉3동 653-40
등록 : 1974. 1. 9. 제 1-72호
전화 : 914-1621, 917-6240
FAX : 912-4438
http://www.ibaeksan.kr
editbsp@naver.com

값 12,000원
ISBN 978-89-6183-514-5